BT
REPORT

분야별 세계 유명 브랜드 백서 2022개정판

저자 비피기술거래 비피제이기술거래

㈜ 비티타임즈

<제목 차례>

Ⅰ. 시작하며

이제 사람들은 더 이상 '성능'만 보고 제품을 구입하지 않는다. 그 안에 담겨있는 브랜드 파워, 브랜드 감성, 브랜드 스토리를 향유하고 싶어 한다. 이렇듯 소비자들의 소비트렌드는 과거와는 많이 달라지고 있다.

소비자들이 이제 '브랜드 가치'를 따진다는 것은 수많은 선행연구들이 이미 증명하고 있다. 한 가지 예로, 2018년 소비트렌드도 '가성비'가 아닌 '가심비'로 변화하였다. 가성비는 가격대비 성능이나 품질 등을 따지는 것이고, 가심비는 가격대비 마음의 만족을 추구하는 소비 형태를 말한다. 그리고 여기서 마음의 만족은 브랜드의 가치와 연결된다.

따라서 세계적으로 여전히 그 명성을 유지하고 있는 여러 브랜드들의 이야기를 들어보는 것은 유익하고, 또한 흥미로운 일이 될 것이다. 그들은 어떻게 하여 수많은 브랜드 속에서 자신의 이름을 독보적으로 알릴 수 있었을까, 우리가 모르는 어떤 비법이 있지는 않을까 독자들은 한번쯤 궁금했을 수 있다. 특히 창업에 관심이 있는 사람들, 마케팅 쪽에 종사하고 있는 사람들은 더욱 더 귀를 기울일 것이다.

이 책은 IT, SNS, 럭셔리, 코스메틱, 스포츠웨어, 디자인, 드링크, 푸드 등 다양한 분야에서 유명한 세계브랜드의 이야기를 담았다. 우리는 그들이 가지고 있는 이야기를 통해서 어딘가에 유익한 것들을 얻을 수 있을 것이다. 그것은 '감동'이 될 수도 있고, '동기부여'가 될 수도 있고, '아이디어'가 될 수도 있고, '사업수완'이 될 수도 있다.

어떤 것은 별로 중요하지 않고, 어떤 것은 중요하다고 말할 수 없다. 재능과 아이디어가 있어도 근성과 열정이 없으면 그것을 꽃피울 수 없고, 좋은 사업수완이 없다면 그것은 세상 밖으로 나올 수가 없다. 따라서 각 브랜드에서 살펴볼 수 있는 유익한 정보를 잘 선별하여 자신에게 적용하기를 바란다.

본문에서는 분야별로 세계적으로 이미 전통을 가지고 있는 브랜드들을 먼저 수록하였고, 최근 떠오르고 있는 '핫한 브랜드'의 정보도 함께 담았다. 과연 그들은 무엇 때문에 그렇게도 주목을 받는지 분석하고 연구해볼 것이다.

BRAND

Ⅱ.세계브랜드백서

II. 세계브랜드백서

1. IT

1) 삼성

그림 1 삼성

삼성전자는 전자제품과 정보통신기술(ICT)을 개발하는 대한민국 기업이다. 삼성전자의 사업 분야는 CE부문(Consumer Electronics), IM 부문(Information technology & Mobile communications), DS 부문(Device Solutions) 3개의 부문, 그리고 전장부품사업 등을 영위하는 Harman 부문(Harman International Industries, Inc. 및 그 종속회사)으로 나누어진다.

글로벌 스마트폰 시장에서는 중국의 화웨이가 미국의 강력한 제재로 순식간에 존재감 하락을 경험한 가운데 삼성전자는 비록 그 반사이익을 얻어가지는 못하고 있으나 여전히 시장1위 자리를 지키며 선전하고 있다. 다만 발 밑의 경고등은 점점 커지고 있다는 평가다,

카운터포인트리서치에 따르면, 1분기 글로벌 스마트폰 시장매출은 총 1,130억달러며 애플이 무려 매출 비중이 42%를 가져가는 것으로 확인됐다. 삼성전자는 17.5%에 그쳤다. 지

난해 1분기 매출 비중 20.2%에서 오히려 약 3% 하락했다. 출하량은 삼성전자가 더 많지만 매출 비중으로 보면 애플의 절반인 셈이다.[1)]

애플은 2021년 2분기(4~6월)에 매출 814억 달러, 영업이익 217억달러를 각각 올렸다. 매출에서 영업이익이 차지하는 비중을 의미하는 영업이익률은 43.3%였다. 한편 삼성전자는 2021년 2분기 매출 63조6천700억원, 영업이익 12조5천700억원을 각각 기록해 영업이익률이 19.7%였다.[2)]

삼성의 브랜드 가치는 퓨처브랜드에 따르면, 2014년 5위를 기록한 이후 2016년 3위, 2018년 9위, 2020년 3위를 등록했지만 하지만 올해 처음으로 10위 밖으로 밀려났다. 삼성전자의 글로벌 브랜드 가치가 지난해보다 크게 하락하면서 대만 TSMC에게도 뒤졌다. 그 이유는 코로나 19 대유행 시기가 장기화가 되면서 올해 순위는 예년보다 변동폭이 컸다는 분석이다.[3)]

삼성전자의 기업명인 **'삼성'**은 **'크고, 밝게, 빛나는 3개의 별'**이라는 뜻이다. 이 사명에서 '三'이라는 숫자는 한자어에서 '크고, 강하다' 등의 의미가 있으며 '星'에는 '밝고, 높고, 빛나다'라고 하는 기원이 담겨 있다. 글로벌 삼성의 새 로고는 특히 해외에서 주로 IT 브랜드로 인식될 것을 고려해 **IT를 상징하는 파란색**이 적용되었다. 약간 비대칭의 파란색 타원형을 배경으로 산세리프체로 삼성의 영문자가 들어 있는 형태다.[4)]

2) 애플

애플은 컴퓨터 소프트웨어를 만드는 미국 기업이다. 스티브 잡스, 스티브 워즈니악, 로널드 웨인이 설립했다. 1970년대까지 컴퓨터는 대기업이나 정부기관의 전유물이었다. 하지만 점점 일반 대중들도 개인용 컴퓨터를 구매하고 싶은 열망이 시작되었다. 그러던 중 대학을 중퇴하고 컴퓨터 게임 회사에 근무하던 스티브 잡스와 스티브 워즈니악은 함께 개인용 컴퓨터를 만들어 돈을 벌 계획을 세우기 시작했다.

잡스와 워즈니악은 자신들이 직접 부품을 모아 창고에서 제품을 제조해서 판매할 수 밖에 없었는데 개인적으로 자금을 확보하기에 부족하여 아타리의 기술자인 로널드 웨인에게 투자를 제의하게 되었다. 그렇게 잡스, 워즈니악, 웨인은 본격적인 컴퓨터 생산을 시작했고 1976년 '애플'이라는 회사를 설립하게 된다. 컴퓨터의 이름은 애플Ⅰ라고 지었으며 몇 달이 지나자 입소문을 타면서 인기를 끌기 시작하여 제법 큰 이윤을 남길 수 있게 되었다.

---

1) 삼성전자 갤럭시 신화, 위기다/CJ온스타일
2) '삼성전자, 2021 2분기 실적 발표, 애플 2021년 2분기 실적 발표/뉴스룸
3) TSMC*애플에 밀렸다.... 삼성 브랜드가치 톱 10 밖으로 급락/한경경제
4) 삼성, 1993 / 네이버 지식백과 20세기 디자인 아이콘 : 로고

그림 2 애플

애플Ⅰ가 인기를 끌자 잡스는 대량생산을 계획하면서 컴퓨터 업계 자산가였던 마이크 마쿨라를 설득해 투자를 받고 마이클 스코트를 영입해 CEO로 취임시키며 '애플 컴퓨터'를 정식 법인으로 설립한다.5)

애플은 1984년에 그래픽 유저 인터페이스(GUI)를 갖춘 매킨토시 컴퓨터를 출시하면서 **개**인용 컴퓨터 시장에 돌풍을 몰고 왔지만 높은 가격과 애플리케이션 프로그램 부족으로 큰 성공을 거두지는 못했다. 이후 1985년에는 경영난으로 1983년에 영입한 CEO 존 스컬리(John Sculley)에게 밀려 스티브 잡스가 퇴출되었다. 스티브 잡스의 퇴출 이후 애플컴퓨터 회사는 IBM 호환용 PC의 위력에 밀려 시장에서 고전했다.

스티브 잡스는 1997년 경영난을 겪고 있던 애플의 CEO로 복귀하면서 회사의 생산라인을 재정비하기 시작했다. 그가 복귀한 1997년은 중요한 의미를 지닌다. 컴퓨터 산업은 그 발전 과정에서 주력이 하드웨어 산업에서 소프트웨어 산업을 거쳐 콘텐츠 산업으로 이동하고 있었다.

따라서 애플은 이런 흐름을 감지하여 아이팟(iPod)과 아이폰(iPhone), 아이패드(iPad)라는 신제품을 출시해 인터넷 시대에 대응하는 하드웨어-소프트웨어-콘텐츠의 결합체라는 새로운 대안을 만들어냈다. 그리고 2007년 1월 3일 '애플컴퓨터'는 '애플'사로 이름을 바꿨다. 이는 애플이 컴퓨터뿐만 아니라 휴대전화를 포함한 다양한 소비자용 전자기기를 만드는 회사로 바뀐 정황을 보여 준다.

애플을 세계 정상의 선구적인 IT 기업으로 올려놓은 것은 '아이폰(iPhone)'의 성공 덕분

5) 애플 [Apple Inc.] /네이버 지식백과 용어로 보는 IT

이었다. 애플은 2007년 1월 9일 미국 샌프란시스코에서 열린 맥월드 2007에서 모바일 인터넷, 터치 스크린, 휴대 전화 세 가지의 기능을 갖춘 아이폰(iPhone)과 애플TV를 처음 선보였다.[6][7]

현재 전 세계에서 애플스토어는 500여개가 운영되고 있는데, 오는 2023년까지 약 600여개에 이를 것이라는 전망이 제기되고 있다. 애플 창업자 고(故) 스티브잡스는 애플스토어 버지니아 점 개설 직전 동영상을 통해 애플스토어를 직접 소개하기도 했다. 개장 당시 버지니아 애플스토어 앞에는 500여 명이 애플 제품을 사기 위해 장사진을 이룬 것으로 전해졌다.[8]

또한 애플 스토어 매출 신장에는 코로나 19의 영향이 컸던 것으로 분석되었는데 애널리시스 그룹에 따르면, 지난해는 앱의 역할이 커지며 앱 스토어의 생태계가 성장했다며 코로나 19 유행 기간 동안 많은 사용자가 직접 만남을 줄이고 앱 구매로 눈을 돌렸다고 말했다. 코로나 19영향으로 온라인 쇼핑과 식료품 매출 등이 40% 이상 늘어났고, 여행이나 차량호출 분야는 매출이 30%이상 감소한 것으로 나타났다.[9]

6) 애플 [Apple Inc.] /네이버 기관단체사전 굿모닝미디어
7) 애플 /정보자본, 커뮤니케이션북스
8) 애플스토어, 2023년까지 전세계 600곳으로 증가/베타뉴스
9) 애플, 지난해 한국에서 16조 벌었다/조선 비즈

3) 구글[10][11]

그림 3 구글

구글은 **'페이지 랭크'** 라는 독자적인 검색 알고리즘을 개발한 인터넷 검색엔진 서비스 미국 기업이다. 구글은 전 세계 60개국 이상에 지사를 두고, 130개가 넘는 언어로 검색 인터페이스를 제공하고 있다. 또한 전 세계 데이터센터에 100만 대가 넘는 서버를 갖추고 있다. 매일 10억 건 이상의 검색이 구글을 통해서 이루어지고 있고 2020년 기준, 전 세계 검색량의 92.54%를 점유하고 있다.

회사이름은 1998년에 'BackRub'(등 주무르기)이라는 이름으로 시작되었으나, 이후 구글(Google)로 이름을 변경하였다. 이는 10100을 뜻하는 구골을 고의적으로 변경 표기한 것에서 유래되었다. 매우 큰 유한수를 의미하는 이 단어는 **'엄청난 규모의 검색엔진을 만들겠다'**는 설립자들의 목표와 맞아 떨어졌으나 당시 이미 '구골'이라는 사이트가 존재하여 구글이 되었다.

구글의 설립자는 래리 페이지(Larry Page)와 세르게이 브린(Sergey Brin)이다. 1996년 스탠퍼드대학교 박사과정에 재학 중이던 두 사람은 페이지랭크(PageRank)란 기술을 개발했다. 웹사이트의 중요도를 그 사이트로 연결되는 링크(link)를 따져 결정되도록 한 이 기술은 구글의 시초가 되었다.

---

10) 구글 [Google] /출판기획물의 세계사, 커뮤니케이션북스
11) 구글 위키백과

이들은 이 기술을 기반으로 1998년 공동으로 구글을 설립했다. 그리고 2000년에 키워드 광고 판매를 시작했는데, 이후 사업이 기하급수적으로 확장되면서, 2009년에 매출액 236억 5100만 달러, 순이익 65억 2000억 달러, 총자산 404억 9700만 달러에 이르고 종업원 수가 2만 3331명이나 되어 세계 최대 기업 애플과 경쟁하는 거대 기업으로 성장했다.

구글은 PDF, 포스트스크립트, 마이크로소프트 워드, 어도비 플래시 문서들을 포함한 웹 문서 검색 서비스를 제공한다. 이 외에 구글 이미지 검색, Google 뉴스 한국, 구글 뉴스그룹, 구글 웹 디렉토리, 구글 비디오, Froogle 서비스에서 이름이 변경된 상품 검색, 구글 맵, 구글 어스 등의 주요 검색 서비스가 있다.

구글의 기업모토는 **"Don't be evil"**이다. 즉, 나쁜 일이 아닌 좋은 일을 통해 돈을 벌자는 뜻이다. 또한 구글은 형식을 따지지 않는 **자유로운 기업 문화**로 잘 알려져 있으며 직원 복지가 아주 잘 형성되어 있다. 구글이 1999년 8월 처음 구글 플렉스로 이주 했을 때, '직원들이 내부 일에만 집중하게 하겠다'는 결의가 반영되어 있었다.

구글플렉스에는 2~3층짜리 나지막한 건물이 모여 있고, 건물 밖에는 야외테이블과 벤치, 울창한 나무들, 채소 정원, 사람과 자전거로 활기 넘치는 산책로가 있다. 직원들은 무료 식사와 다과를 즐기고, 트레이너가 대기하는 체육관과 마사지실이 붙어 있는 건물들 사이로 이동할 자전거를 지급받는다. 직원들은 커다란 카페테리아 탁자에서 식사하고, 당구대와 에스프레소 기계가 있는 라운지에서 쉰다. 세차나 오일 교환 때문에 캠퍼스를 떠날 필요도 없다.

또한 모든 구글 엔지니어들은 업무 시간 중 20%(주 5일 근무 기준으로 일주일중 하루)를 그들이 흥미로워하는 프로젝트에 사용하도록 권장된다. 몇몇 구글의 새로운 서비스들, 예를 들어 Gmail, 구글 뉴스, Orkut, AdSense는 이러한 직원들의 독립적인 프로젝트들에 의해서 시작되었다. 구글의 검색 제품 및 고객 경험 파트의 부사장인 매리싸 마이어는 스탠퍼드 대학에서의 연설에서 새로 론칭 되는 서비스의 50%가 이러한 20% 시간을 통해 시작되었다고 말한 바 있다.

4) 마이크로소프트[12)]

그림 4 마이크로소프트

마이크로소프트는 미국의 세계 최대 다국적 소프트웨어 및 하드웨어 기업이다. 공식 약칭은 MS로 불린다. 빌 게이츠(Bill Gates)와 폴 앨런(Paul Allen)이 1975년 함께 설립하였으며 본사는 미국 워싱턴 주 레드먼드 시에 있다.

1975년 4월 4일 하버드대학교를 다니다 중퇴한 빌 게이츠는 21살의 폴 앨런과 함께 뉴멕시코 주 앨버커키에서 자본금 1,500달러로 마이크로소프트를 공동 설립했다. 2011년 기준 세계 6개 지역본부, 107개 국가에서 약 9만 명의 직원이 근무하며, 매출은 약 700억 달러이다. 1990년대 이후 마이크로소프트는 매년 20~30%의 성장률을 기록하며 세계에서 가장 영향력 있는 IT기업으로 성장했다. 창업자 빌게이츠는 2000년 1월 최고경영자 직책에서 퇴임하였고, 이후 스티브 발머(Steve Ballmer)를 거쳐 2014년 이후부터 사티아 나델라가 최고 경영자를 맡았다.[13)]

마이크로소프트는 연도별로 로고와 슬로건에 변화를 주었다. 1994년부터 **"Where do you want to go today? (오늘은 어디로 가고 싶으십니까?)"**라는 광고 캠페인이 진행되면서부터 1987년 디자인된 팩맨 로고 아래에 추가적으로 캠페인 문구가 삽입되었다. 이후 2003년부터는 **"Your potential, Our passion (당신의 가능성, 우리의 열정)"**이란 슬로건 문자가 삽입된 버전의 로고가 다양한 장소에서 사용되기 시작했고 이 슬로건이 삽입된 버

12) 마이크로소프트 위키백과
13) 마이크로소프트 [Microsoft Corporation] /두산백과

전의 로고는 2010년까지 마이크로소프트사가 지속적으로 사용했다.

2010년에 열린 비공개 MGX (Microsoft Global Exchange) 컨퍼런스에서, 마이크로소프트사는 새로운 슬로건인 **"Be What's Next (다음의 무언가가 되자)"**를 공개했다. 이 슬로건은 2011년부터 2012년 8월 22일까지 사용되었으며 이후 2012년 8월 23일 새로운 로고를 선보였고, 현재는 물결치는 4색 깃발이 사각형 모양으로 바뀐 형태이다.

2. SNS

1) 인스타그램

그림 5 인스타그램

인스타그램(Instagram)은 온라인 사진 공유 및 소셜 네트워킹 서비스이다. '세상의 모든 순간을 포착하고 공유한다.'라는 슬로건으로 '인스턴트 카메라(Instant camera)'와 '텔레그램'(Telegram)의 합성어를 뜻한다.

케빈 시스트롬(Kevin Systrom)과 마이크 크리거(Mike Krieger)가 2010년 런칭하였으며,

출시 이후 급속도로 인기를 얻어 2012년 4월에는 사용자가 1억 명을 돌파하였으며, 2014년 12월에는 사용자가 3억 명에 이르렀다. 2011년 1월에는 **해시태그**(hashtag)를 추가하여 사용들이 사진이나 친구를 손쉽게 찾을 수 있도록 하였다.

해시태그는 인스타그램의 최대 특징이라고 할 수 있는데 충분한 해시태그를 사용하고 사진의 퀄리티가 뛰어난 경우에는 팔로워 수가 적어도 "좋아요"가 달리는 편이다. 트위터는 자기가 팔로우 한 사람들의 트윗만 보고 검색을 통해서 트윗을 찾아보는 유저들이 적은 반면에 인스타그램은 팔로워를 통해서 뿐만 아니라 해시태그를 검색해서 보는 이용자들이 많다. 또한 각종 유저들의 포스트가 랜덤으로 노출되기에 모든 유저들에게 기회가 공평하게 주어진다.

계정을 생성하면 만 14세 이상은 누구나 무료로 사용 가능하며, 페이스북 계정 또는 이메일을 이용해 계정을 생성할 수 있다. 사용자들은 사진이나 동영상을 업로드하고 공유한 게시물을 보고, 댓글을 남기며, 좋아요를 누를 수 있다. 또한 인스타그램은 사진을 찍어 다양한 필터(filter) 효과를 적용할 수 있도록 하는데, 노멀(Normal), 1977, 아마로(Amaro) 등을 포함한 25개 이상의 필터를 제공하고 있다.

인스타그램은 초기에 아이폰용 모바일 응용프로그램(앱)으로만 나왔다. 하지만 아이폰 앱 만으로도 훌륭한 성적을 거두었는데, 출시 하루 만에 이용자 2만5천명을 모았으며, 한 달 만에 100만명, 1년 뒤엔 1천만명으로 늘었다. 인스타그램은 안드로이드 앱 출시 전에 이미 아이폰 앱 만으로 이용자 3천만명을 확보한 상태였다.
닐슨 코리아클릭 조사 결과에 따르면, 올해 4월 기준으로 우리나라 소셜미디어 이용자수는 3,496만 명으로 집계 되면서 지난해 같은 기간보다 0.5% 감소한 결과로, PC를 통한 이용자수가 6.8% 감소한 것이 영향을 미친 것으로 분석됐다.[14)]

SNS를 세대별로 구분하자면 오프라인 관계를 온라인으로 옮겨 놓은 싸이월드, 블로그와 같은 '1세대 SNS', 불특정 다수로 관계를 확산하는 트위터, 페이스북과 같은 '2세대 SNS', **이미지 중심의 이용자 맞춤형 서비스인 인스타그램, 핀터레스트 등을 '3세대 SNS' 라고 지칭할 수 있다.**

전 세계 월간 활성사용자 수가 43억3천명명이라는 엄청난 수치를 보유하고 있는 인스타그램은 그야말로 하나의 문화가 되어 가고 있다. 1월 조사때보다 3.1% 증가했다. DMC미디어에 따르면 지난해 같은 기간과 비교하면 무려 13.6% 성장한 수치라며 소셜미디어 시장이 지난해 코로나19를 기점으로 다시금 추세로 돌아섰다고 분석했다.   또한, 관련 신조어도 등장했는데, **'셀피'**(셀카, 자가촬영)란 단어가 인스타그램이 등장한 2010년에 본격적으로 인기를 끌기 시작하면서 유명 인사들이 인스타그램을 즐겨 쓰기 시작했고, 셀카 문

---

14) 한국SNS 이용률 세계2위... 10~30대 인스타그램, 40~50대 밴드/ 한국경제TV

화는 더욱 확산되어 갔다. 지난 2013년 영국 옥스퍼드사전은 '셀피'를 '올해의 단어'로 꼽기도 했다.

한편, 인스타그램은 2012년 4월 페이스북에 10억 달러에 인수되었으며, 인수 후에도 독립적으로 운영되고 있다. 2018년 6월 기준으로 블룸버그가 산정한 인스타그램의 기업 가치는 1000억 달러(약 111조 원)으로 페이스북에 인수 당할 당시보다 100배가 뛰어오른 가치를 인정받고 있는 중이다.[15][16][17][18]

2) 페이스북

그림 6 페이스북

페이스북(Facebook)은 10억 명의 이용자가 가입한 세계 최대의 소셜 네트워크 서비스다. 페이스북은 미국의 **인적 네트워크 중심**의 소셜(Social) 네트워크로, 자신이 소속된 기관의 인맥을 중심으로 학교 동창 등 지인을 찾아볼 수 있는 미국의 대표적인 인맥 사이트라고 할 수 있다.

사용자들은 페이스북을 이용하기 전에 가입을 해야 되고, 가입 후 자신의 프로필을 만들고 사용자들을 친구로 추가하고, 메시지를 교환할 수 있다. 친구들이 프로필을 업데이트하면 자동적으로 알림이 뜬다. 또한 사용자들은 공통의 관심사를 가진 사용자 그룹에 가입할 수 있으며, 이 그룹들은 직장, 학교 등과 같은 특성으로 분류되고, 친구들은 '직장친구', '가까운 친구' 와 같이 분류 가능하다.[19]

15) 인스타그램 나무위키
16) Instagram - 인스타그램 /지형 공간정보체계 용어사전, 구미서관
17) 인스타그램 /네이버 지식백과 용어로 보는 IT
18) 인스타그램 두산백과
19) 페이스북 위키백과

페이스북의 설립자 마크 저커버그의 페이스북 창립 스토리는 이미 유명하다. 2004년 2월 4일 당시 19살이었던 하버드대학교 학생 마크 저커버그(Mark Zuckerberg)가 학교 기숙사에서 하버드 학생만 이용할 수 있도록 제한된 사이트를 만든 것이 시초였다. 사이트를 창립하자 하버드 재학생의 절반 이상이 사이트에 가입하였고, 스탠포드, 콜롬비아, 예일 등으로 퍼져나가게 되었다. 이후로 일반인들도 사용할 수 있도록 공식적인 SNS사이트로 성장하게 된 것이다.

2011년 페이스북 키노트에서 마크 주커버그는 개인의 삶을 역사적으로 표현할 수 있는 **'타임라인'**의 개념을 발표했는데, 사용자가 게시하는 사진, 글 등을 시간 순, 실시간으로 보여주는 공간으로 원래 명칭은 **'Wall(담벼락)'**이었다. 뉴스피드에 있는 대부분의 소식은 사용자의 친구들이 각자의 타임라인에 올린 것들이다.

페이스북은 사적 정보의 보호와 공개 사이에서 모순된 이중성을 통해 성장했다. 하버드대학교 재학생의 실제 얼굴 사진을 온라인에 게재한 페이스매시(Facemash)가 이후 페이스북으로 발전했다. 페이스북이라는 공간에서는 사적인 것과 공적인 것이 서로 결합된다.

페이스북의 프로필이 요구하는 개인 정보는 특정한 개인의 독특한 개성에서 나오는 그야말로 고유한 사적 정보는 아니다. 페이스북에 올린 자신의 프로필 정보는 네트워크화된 다른 수많은 개인들의 정보와 함께 분류된 후 범주화와 통계의 가공을 거치면서 퍼스널화된 정보로 모양이 바뀐다. 마크 저커버그는 이것을 소셜 그래프라고 불렀다.[20]

---

20) 페이스북 /네이버 지식백과 커뮤니케이션북스

3) VSCO

그림 7 VSCO

VSCO (이전의 VSCO Cam)는 미국 회사 Visual Supply Company에서 만든 사진 편집과 공유를 주는 기능으로 하는 모바일 애플리케이션돠 그 개발사이다. Visual Supply Company는 Joel Flory와 Greg Lutze가 2011년 캘리포니아에서 설립했으며 인스타그램에 VSCO태그를 단 사진이 약 1억 6천만 개일 만큼 인기를 끌었다. 포토그래퍼들이 쓸 법한 **전문적인 사진 보정 기술**로 사진에 관심 있는 사람들 사이에서는 **'핫한 브랜드'**로 주목받았지만, 어도비의 사진 편집 프로그램 라이트룸과 포토샵을 사용하는 전문가를 위한 유료 필름 프리셋인 VSCO Film Pack을 판매하였으나 2019년 3월 1일 부로 판매 및 지원으류 종료하였다. [21]

인스타그램의 인수 제의를 받았지만 거절하고 독립적인 소셜 미디어로 성장 중이다. 기존 SNS와 다른 점은 '좋아요' '공유' 등의 사용자 평판과 관련된 기능을 없앴다는 것이다. 창업자 조엘 플로리는 **'오로지 사진을 통해 영감을 나누는 공간'**을 만들고자 한다며 더 많은 '좋아요'와 '팔로워' 제도를 두지 않았다고 밝혔다.

한편, VSCO는 초대받아야만 가입할 수 있는 정액서비스 'VSCO X'를 시작하였다. 연간 20달러의 가격으로 매달 업데이트되는 필터와 출시 준비 중인 필터 '필름 X'를 미리 사용해볼 수 있다.
VSCO CEO 조엘 플로리(Joel Flory)는 필름X가 후지필름의 Fuji Pro 400H와 코닥 Portra 160 /400등의 필름을 바탕으로 제작되었다고 했다. VSCO의 필터 전체를 개별 구입할 경우 200달러가 넘지만 연간 서비스로 20달러만 지불하면 모든 필터를 사용할 수 있다.[22]

21) VSCO/ 나무위키

3. LUXURY

1) 발렌티노

그림 8 발렌티노

발렌티노의 역사

-1960년에 파리에서 패션 공부를 하고 로마로 돌아온 발렌티노 가리바니가 런칭한 패션하우스
-1962년에 피런테에서 발렌티노 패션하우스의 첫 컬렉션을 열었음
-1968년 화이트 켈렉션으로 발표하여 국제적인 디자이너로 이름을 올림
-1970년대 재클린 케네디 오나시스의 결혼식으로 국제적인 주목을 받았음
-1980년대 여성들의 파워드레싱과 함께 발렌티노의 최전성기를 맞이함
-2008년도에 창립자인 발렌티노 가라바니가 은퇴하면서 브랜드의 행방이 불투명해지기 시작
했으며 결국 경영난에 시달렸음
-2012년 카타르 왕실에서 9,900억원에 인수허묜서 다시 되살아남

22) VSCO, 연간 20달러로 즐기는 'VSCO X' 멤버쉽 서비스 시작 /K BENCH

기술을 갖춘 **'오뜨쿠틔르 드레스'**로 유명하다.

발렌티노 가라바니(Valentino Garavani, 1932~)의 스타일은 "섬세하고 우아하고 사치스러운 쿠튀르 드레스" 하면 떠올릴 수 있는, 여성이면 인생에 한 번쯤은 입어보고 싶어 할 그런 드레스이다. 그는 **"나는 여성이 무얼 원하는지 안다. 그들은 아름다워지고 싶어 한다."**고 말했다.

그림 10 발렌티노 2018-19 F/W 컬렉션

발렌티노 오뜨 꾸튀르의 화려한 스타일이 현대 패션에도 고스란히 드러난다. 이는 발렌티노의 4가지 상징으로 이어진다.

발렌티노 레드	주홍빛이 감도는 채도 높은 빨간색 덕분에 화려한 느낌이 든다.
락스티드	지갑과 가방, 스니커즈, 티셔츠에 들어가면서 지갑의 경우 직사각형의 테두리 부분 전체에 락스터드를 박아넣은 제품이 많다.
V-RING	발렌티노의 로고이면서, 제품군에 따라 모양이 다른데, 신발이나 의류의 경우 동그란 링에 V가 들어간 모양을 자주 쓰며, 가방이나 지갑의 경우 대부분 각진 네모형태의 링에 V가 들어긴 모양을 쓴다.

VLTN	VALENTIN으로, 가방과 지갑에서도 볼 수 있으나 의류에서 가장 쉽게 찾을 수있다.
국방무늬	가방, 지갑에는 사용되지 않으며, 각종의류나 신발에서도 자주 사용된다.

발렌티노 상징[23]

2) 돌체앤가바나

D&G
DOLCE & GABBANA

그림 11 돌체앤가바나

돌체앤가바나는 도메니코 돌체와 스테파노 가바나가 1985년 밀라노에서 설립한 이탈리아의 명품 브랜드로 남녀의류, 핸드백, 슈즈, 액세서리, 시계, 파인주얼리, 화장품, 아이웨어 등을 제작, 판매하고 있다.

23) 발렌티노 /나무위키

그림 13 돌체앤가바나 21SS 컬렉션

돌체앤가바나는 여성복 컬렉션으로 브랜드를 시작해 이후 남성복 컬렉션과 니트웨어, 스카프, 속옷, 향수, 안경, 화장품 등으로 제품군을 확장했다. 돌체앤가바나는 도메니코 돌체와 스테파노 가바나의 고향인 이탈리아의 이미지에서 영감을 받아 관능적이고 화려한 분위기의 의상과 액세서리를 선보였으며, 동물문양의 애니멀 프린트를 드레스와 코트 등 광범위한 용도로 사용해 왔다.

특히 돌체앤가바나는 화려한 디자인 덕분에 마돈나(Maddona), 데미 무어(Demi Moore), 니콜 키드먼(Nicole Kidman), 비욘세(Beyonce) 등 세계적인 스타들의 지지를 받아왔다.[24)] 또한 2016년에는 시세이도와 라이센스를 계약을 맺고 뷰티 라인을 런칭했다. 2019년에는 한국시장에 진출하면서 가수 청하를 모댈로 기용 하였지만 제품의 낮은 퀄리티에 코로나 19 여파로 인해서 직격을 맞아 2020년에만 매출이 28% 폭락했고, 결국 2021년 끝으로 시세이도와의 계약을 종료하고 시장에서 철수 할 예정이다.[25)]

또한 돌체앤가바나는 그동안 **출판을 통해 꾸준히 브랜드의 역사를 정리해왔다.** 1996년 돌체앤가바나는 그동안 가장 인상적이었던 광고와 잡지 이미지를 모아서 '돌체앤가바나의 10년(10 Years Of Dolce&Gabbana)'을 이탈리아, 영어, 독어로 출간했다. 또한 돌체앤가바나는 1997년, '와일드니스(Wildness)'라는 책을 발간하여 애니멀 프린트를 사용한 돌체앤가바나의 주요 디자인을 소개했고, 2003년에는 애슐린(Assouline, 명품 브랜드 책을 왕성하게 출간하고 있는 프랑스의 출판사) 출판사와 함께 '할리우드(Hollywood)'를 출간했다. 이 책에는 돌체앤가바나를 입은 스타들의 사진이 실렸다. 2004년에는 애슐린 출판사와

24) 돌체앤가바나 [Dolce&Gabbana]/네이버지식백과, 인터브랜드
25) 돌체앤가바나 [Dolce&Gabbana]/나무위키

함께 뮤직이라는 책을 출간했고, 마돈나, 비욘세, 카일리 미노그, 메리 제이 블라이즈, 제니퍼 로페즈, 레니 크라비츠등 150명의 음악 아이콘들이 돈체앤가바나 의상을 입은 초상 사진을 담았다.

1년후 2005네는, 돈체앤가바나의 런칭 20주년을 가념해 동체앤가바나의 20년울 출간했다. 이는 패션 에디터출신의 저널리스트 사라무어가 편집을 맡았다,. 사라무어는 인터뷰를 통해 돌체앤가바나는 이탈리아 정신의 하나라고 평가했다. 또한 2010년에는 리졸리 출판사와 함께 사진집 우오미니를 출간하면서 사진집에는 돌체앤가바나가 추구하는 남성상에 근접한 영융, 스포츠맨, 군인엣 영감을 받아 남성의 몸을 시간, 트렌드, 문화를 거스르는 아름다운의 결정체를 나타내주는 사진집 우오미니를 출간하면서 돌채앤 가바나의 철학이 잘 나타나있다고 평가 받는다.[26]

최근 코로나로 인해서 패션쇼가 진행을 못하지만, 돌체앤가바나 2021-22 F/W 컬렉션이 나왔다. 이번 컬렉션을 위한 캠페인을 위한 독특한 심미적 비전에 승화한 사진작가가 자신이 직접 구상해 작곡한 특수한 사운드로 인해 풍부해 예상치 못한 본능적인 시칠리아를 전해준다. 사진가의 렌즈는 새로운 볼륨이나 소재에 촉발된 미래상을 보여준다. 사물의 경계를 확장하고 개성과 자기표현을 바탕으로 한 새로운 차원을 밝히는 미래 과거와 미래의 복의 전통영토 역사혁신의 본능, 여느 관습에서 벗어나 시대를 초월한 미지의 공간으로의 여행을 전달했다.

일상적인 관습에서 탈맥락화된 소년과 소녀가 사는 시대로의 여행을 통해 독특한 시대로의 여행을 통해 독특한 스타일을 통해 결의와 개성으로 정체성을 확인하는 초월한 공간을 보여주며 자신의 정체성을 확인 하게 된다. 과거와 미래, 의복 전통, 영토의 역사 및 혁신 본능을 Juergen Teller의 비전에 의해 재해석되며 개성과 자기 표현에 기반한 새로운 차원의 한계를 뛰어넘는 미래는 사진 작가의 렌즈를 통해 전달한다. 돌체앤 가바나 DNA의 시대를 초월한 영원한 본질이다.[27]

---

26) 돌체앤가바나 역사와 대표라인/sloweeds textile
27) 돌체앤가바나 2021-22 fw 컬렉션

3) 샤넬[28]

CHANEL

그림 14 샤넬

그림 16 샤넬 2021-22 컬렉션

28) 샤넬 /네이버 세계브랜드 백서

샤넬은 가브리엘 샤넬이 1913년에 설립한 프랑스의 패션 브랜드로 가방, 의류, 향수, 선글라스, 주얼리, 시계 등을 제조하여 판매한다. 샤넬은 **가브리엘 샤넬의 '인생 스토리'가 그대로 '브랜드 스토리'**가 된 것으로 유명하다.

그림 17 가브리엘 코코 샤넬

가브리엘 샤넬은 프랑스 소뮈르의 가난한 집안에서 태어났다. 아버지는 그녀가 태어난 것에 관심조차 없었고, 어머니는 병에 걸려 그녀가 어릴 때 사망하여 샤넬은 수녀원으로 보내지게 되었다. 그곳에서 그녀는 7여년간 바느질을 배우며 자랐다. 수녀복의 블랙 앤 화이트 컬러와 성당의 스테인드글라스로부터 영감을 얻어 지금의 샤넬 스타일의 기초가 되었다.

성인이 된 샤넬은 수도원을 나와 봉제회사를 다니며 저녁에는 카페에서 가수로 일했다. 당시 가수로 일을 하며 **'코코'**라는 별명을 얻게 되었고 에드워드 카펠을 만나 그의 도움으로 1910년에 파리의 패션 거리 캉봉가에 '샤넬 모드'라는 모자 가게를 열게 된다.

가게 오픈 초기에 선보인 그녀의 모자는 상류층 여성들에게 외면당했지만, 당시 유명한 연극배우가 자신의 연극에서 샤넬의 모자를 착용하면서부터 상류층 여성들로부터 인기를 얻게 되었다. 1913년 그녀는 모자 디자이너로 성공한 것을 기반으로 하여 '가브리엘 샤넬'이라는 부티크를 오픈했다.

샤넬 디자인의 단순미와 기능성의 극치는 1926년 발표한 **'리틀 블랙 드레스(little black dress)'**에서 찾을 수 있다. 당시 여성의 검정 의상은 상복이나 점원들의 의상으로 착용되었다. 또한, 리틀 블랙 드레스로 대표되는 샤넬의 단순하고 기능적인 디자인은 복제가 쉬워, 다양한 가격대에서 그에 맞는 다양한 소재로 생산되었다.

하지만 미국에서 샤넬 디자인의 복제가 성행하게 되었다. 샤넬은 이에 대해 꺼리지 않고

본인 디자인의 가치를 인정받은 결과로 생각하였다. **샤넬 디자인 복제의 성행은 샤넬 디자인의 홍보 효과로 작용함과 동시에, 오히려 오리지널 샤넬 상품의 희소성을 높여주는 결과를 낳게 되었다.**

또한 샤넬의 의상이 인기를 끌 수 있었던 또 다른 이유는 사교계의 중심에 있던 샤넬 **스스로가 자신의 디자인을 홍보하는 데에 있어 모던한 여성의 전형적 모델이 된 것에 있었다.** 그녀의 마른 몸매와 짧은 머리 스타일은 소년의 모습과 활동적인 여성상을 대표하는 이미지가 되었다. 샤넬은 직업여성으로 상당한 명성과 부를 축적하였을 뿐 아니라, 상류층 인사와 예술가들과 교류하면서 사회적 선망의 대상으로 자리하였다.

샤넬은 항상 자신이 디자인한 의상과 액세서리를 착용한 모습으로 매체와 대중 앞에 등장했고, 이는 샤넬 상품 자체의 홍보뿐 아니라, 이 상품들을 조합하여 탄생할 수 있는 바람직한 스타일의 예를 보여주면서 수요를 창출해 냈다. 샤넬 스타일은 샤넬이 맡은 1920년대와 1930년대 무대 의상과 할리우드 영화 의상 디자인을 통해서도 재현되면서 광고의 효과를 발산하였다.

샤넬의 브랜드가치는 1957년 가브리엘 샤넬은 미국 댈러스에서 20세기에서 가장 영향력 있는 디자이너에게 수여하는 패션 오스카상을 수상하며 1959년에는 샤넬 'N°5'향수병이 최고의 디자인으로 인정받으며 뉴욕 현대 미술관에 전시되었다. 그 이후 탈 라거펠트가 영압한 이후 1986년에 만든 가을 겨울 컬렉션은 황금 골무상을 수상했고, 1988년에는 미국 패션 디자이너 협회가 샤넬 하우스와 칼 라거펠트에게 국제 패션 특별상을 수여했다.

샤넬 브랜드 특징은 첫 번째 관대한 패션 트렌드 리더이고 두 번째는 실용주의를 선도한 디자인이면서 세 번째는 자부심을 선사하는 귀족 마케팅이다.

4) 구찌

그림 18 구찌

구찌는 구찌오 구찌가 1921년에 설립한 이탈리아의 명품 브랜드로 핸드백, 슈즈, 의류, 시계, 파인 주얼리 등을 제작·판매하고 있다. 구찌는 1921년 피렌체에 자신의 성을 딴 '구찌'라는 가죽제품 전문점을 열어 이후 세 아들과 함께 1940년대 무렵 밀라노, 로마 등 이탈리아 패션 중심지를 비롯해, 1950년대부터 런던, 뉴욕, 파리 등 전 세계로 매장을 확대하였다. 현재 핸드백, 여행 가방, 신발, 실크, 시계, 파인 주얼리 등을 선보이며 이탈리아를 대표하는 명품 브랜드로 자리 잡고 있다. 아이웨어는 사필로(Safilo), 향수는 P&G와 라이선스 형식으로 생산·유통하고 있으며 구찌의 제품은 직영 스토어와 백화점 및 전문 스토어를 통해서만 판매하고 있다.[29]

---

29) 구찌 [GUCCI] /네이버지식백과, 인터브랜드

그림 20 구찌 2021 ss 컬렉션

구찌의 스타일은 **'맥시멀리즘'**의 대표적인 예라고 할 수 있다. 이와 같은 스타일로 변화하게 된 중심에는 '알렉산드로 미켈레' 라는 디자이너의 영입이 있었다. 구찌는 이전부터 브랜드 로고를 최대한 드러내지 않고, 절제된 아름다움을 추구해왔었는데 침체기를 맞이하면서 핵심 디자이너를 바꾸게 되었고 미켈레의 패션관은 맥시멀리즘에 가까운 화려한 스타일이었던 것이다.

현재 빈티지와 앤티크, 아트웍이 살아있는 구찌의 스타일은 많은 셀러브리티들에게 사랑을 받고 있으며 런웨이에서 '너드룩', '그래니룩' 등 다양한 트렌드를 접목하는 시도를 하고 있다. 또한, 예전에는 루이비통, 샤넬과 같이 여성들이 주로 찾았었지만, 남성들의 구매욕을 이끈 지갑, 상의, 빗; 등 힙한 스타일의 디자인이 시즌별로 나와 남성층을 많이 유입시킨 것 도 좋은 요일 중 하나이다.

5) 프라다[30]

그림 21 프라다

그림 22 프라다 2021 가을/겨울 컬렉션

프라다는 마리오 프라다가 1913년에 설립한 이탈리아 패션 명품 브랜드로, 가죽 가방을 비롯해 액세서리, 신발, 의류 등을 제조·판매하고 있다. 설립자 마리오 프라다(Mario Prada)는 1913년 이탈리아 밀라노에 가죽제품 판매 상점으로 처음 문을 열었고, 이후 1978년 디자이너 미우치아 프라다(Miuccia Prada)가 이어받아 오늘날의 명품브랜드로 변화시켰으며, 최고경영자 파트라치오 베르텔리(Patrizio Bertelli)의 경영으로 더욱더 성장하게 되었다. 특히, 1990년대 현대 직장여성의 바쁜 도시생활과 실용성 추구에 어울리는 '직장여성' 컨셉으로 개발된 블랙 나일론 백팩이 명성을 날리며 꾸준한 인기를 얻으면서, '신

30) 프라다/ 나무위키

분 상징(status symbol)'의 아이템으로 자리 잡았다.

그림 23 악마는 프라다를 입는다

1992년에는 젊은 소비자층을 겨냥해 미우미우(Miu Miu) 브랜드를 선보였다. 또한 2003년에 출간된 소설 **'악마는 프라다를 입는다(The Devil Wears Prada)'**가 이를 바탕으로 2006년에 영화로 만든 작품이 대중들로부터 큰 인기를 얻으면서 프라다는 제2의 전성기를 누렸다. 이후 2007년 프라다는 LG전자와 협력해 프라다폰을 선보인 바 있다.

2010년대에 들어오면서, 2014년에는 사업 다각화의 일환으로 밀라노의 커피&케이크 전문점 파스티체리아 마르체시를 인수하면서, 중국을 비롯한 아시아와 유럽 시장에서 가죽제품 판매가 크게 줄어들면서 위기를 겪었다. 그로 인해서, 프라다는 매장 확대 계획을 취소하거나 연기했다. 2020년에는 라프 시몬스가 새롭게 공동 크리에이티브 디렉터로 합류했다. 캘립 클라인에서 사실상 강판 된 이후의 커리어인데, 라프 시몬스는 기존 크리에이티브 디렉터였던 미우치아 프라다와 함께 21 S/S 컬렉션부터 프라다의 전반적인 디자인에 참여 할예정이면서 대부분의 브랜드들이 단독 1인을 브랜드의 대표 주자로 두고 하다못해 여성, 남성 부문 디자이너를 따로 나누든지 하는데 프라다는 기존 미우치아 프라다 체제에 라프 시몬스를 더한 모양새가 되었다.

또 다른 프라다의 마케팅 전략으로는 **'콘셉트매장'**을 꼽을 수 있다. 2000년대 초 프라다는 '에피센터 콘셉트 스토어 프로그램(Epicenter Concept Store Program, 에피센터는 '진원지'를 뜻함)'을 진행했다. 프라다 에피센터 스토어는 '재창조와 재방문(Re-invent and Re-visit)'이라는 테마로 지어졌으며, 완공 후 사람들로부터 도시 안의 거대한 예술 작품

같다는 평가를 받고 있다. 또한 미술에 관심이 있던 미우치아 프라다는 1933년 급진적이며 지적인 현대 문화예술을 선보이고자 '프라다 문화재단(Fondazione Prada)'을 설립했다. 버려진 공장 건물을 전시장으로 활용하여 현대미술(Contemporary art) 전시회인 '밀라노 아르테 프로젝트(Milano Arte Project)'를 개최했다.[31] 또한 최근에는 현대백화점에서는 서울 여의도 더현대 서울에 명품 브랜드 프라다의 임시매장에 대한 마케팅 전략을 세워 운영하고 있다. 이번 팝업 스토어의 콘셉은 알프스 목조 산장의 콘셉으로 매장 벽과 바닥, 벤치, 테이블, 옷걸이 등이 원목으로 꾸며졌다.

6) 까르띠에

그림 24 까르띠에

그림 26 2021년 까르띠에S/S 컬렉션

까르띠에는 리치몬트에 속한 프랑스의 하이엔드 명품 브랜드이다. 보석, 시계 등 잡화를 주력 상품으로 생산하는 브랜드이며, 핸드백이나 패션 제품도 생산을 한다. 특히 보석 세공에 있어 큰 족적을 남긴 브랜드로 인비저를 세팅이라는 보삭 세팅법을 개발하고 당시로서는 세공이 어려웠던 백금을 주얼리에 적용하는 증 보석의 역사에 있어 영향력을 가진 브랜드이며 현재 매출 기준으로도 3대 명품 시계 브랜드(롤렉스, 까르띠에, 오메가)이자 4대 명품 보석 브랜드 (까르띠에, 반클리프앤아펠, 불가리, 티파니)에 모두 포함되니, 여러모로 영향력이 큰 브랜드이다.

그림 27 루이 프랑수와 까르띠에

까르띠에 설립자인 루이 프랑수아 까르띠에는 프랑스 파리에서 화약동 제조자의 아들로 태어났다. 어려서부터 손기술이 좋았던 그는 1847년 아돌프피카드의 보석세공 견습사로 일을 시작하게 된다. 당시 몽고트로이가 31번지의 보석 작업장에서 일을 시작했는데, 이것이 까르띠에 최초의 시작하면서, 견습 일을 하던중에 그의 사장 아돌프가 갑작스럽게 죽자 견습생이 이였던 그는 자기의 스승의 회사를 인수하고 자신의 이름을 따 '메종 까르띠에'로 이름을 변경한다.

까르띠에가 설립된 곳인 프랑스가 프랑스 혁명 이후로 사회가 안정되고 파리 곳곳에서 호화스러운 파티와 무도회가 열렸다. 호화로운 파티에 참석하는 귀족들의 치장을 위해 주얼리가 필요하게 되었고, 이러한 사회적 분위기는 까르띠에가 발전할 수 있는 좋은 계기가 되었다. 나날히 발전해가는 도중 프랑스 황제의 사촌이던 마틸드 공주가 까르띠에를 방문했고 그의 작품에 매료되어 공주의 입소문으로 입소문을 타게 되어 인지도가 큰 지금의 까르띠에로 발전하게 되었다. 마틸드 공주의 후원으로 당시 파리 상류층의 중심부 이탈리아 대로로 사업장을 옮겼다.

1874년 루이프랑수아 까르띠에는 아들 루이프랑수아 알프레드에게 일을 가르치며 대를 잇게 한다. 1898년 알프레드는 자신의 첫 번째 아들인 루이와 동업을 시작한다. 1899년 까르띠에는 현재로 치면 청담동 명품 거리와 같은 명품 거리 뤼 드라 빼 13번지에도 사업장을 열었고, 세 형제 중 사업 능력이 가장 뛰어났던 첫째 루이가 뤼 드라 빼 매장을 관할하게 되었다. 이후 알프레드는 자신의 세 아들들에게 회사를 맡기며 세계적인 회사로의 도약을 준비한다.

1902년에는 뉴욕과 런던에도 지점을 열게 되었다. 두 줄로 된 흑진주 목걸이와의 교환으로 얻은 뉴욕 5번가의 모트 플랜트 빌딩은 훗날 까르띠에 인터내셔널사의 본부가 된다. 이미 이시기에 까르띠에는 세계에서 가장 유명한 보석 브랜드로 인정받고 있었다. 1904년 에드워드 7세는 영국 왕실의 공식적인 보석상으로 인정했다. 이와 같은 유명세와 인정은 스페인, 포르투갈, 루마니아, 이집트 왕실, 올리언즈 일가, 모나코 왕국, 알바니아 왕실까지 이어졌다.

남다른 감각을 자랑하던 루이 까르띠에는 수 많은 유산을 남겼다. 이전까지는 거의 사용되지 않았던 백금을 이용한 디자인으로 보석계에 혁신을 가져왔고, 보석상으로 시작했지만 손목시계 제작으로도 매우 유명하다. 1904년 친구인 산토스 듀몽에게 선물하기 위해 2년간에 걸쳐 디자인한 산토스시계는 시계 제조 역사상 최초의 현대적인 디자인의 손목시계인 것으로 알려져있다. 1917년 최초로 만들어진 탱크 워치는 매우 유명한 디자인이다.[32)]

7) 티파니앤코

TIFFANY & Co.

티파니앤코[33]

티파니 앤코를 상징하는 티파니 블루

주얼리 4대 브랜드로 뽑히는 미국의 명품 보석 트랜드로, 찰스 루이스 티파니와 존 B.영이 1837년 9월 18일 뉴욕에서 영업을 시작한 다이아몬드 액세서리 전문 브랜드이다,

캐럿보다 광채를 중시하는 티파니의 전통을 보여주는 티파니 옐로 다이아몬드와 6개의 프롱[5]이 다이아몬드를 고정하는 티파니 세팅이 유명하다. 다이아몬드 외에도 금이나 은을 이용한 제품도 만들고 있다. 현재는 향수, 가죽제품, 테이블 웨어 등으로 영역을 확장했다. 소위 "명품"을 제작 판매하는 회사들 중 의외로 많지 않은 미국 기업 중 하나로, 미국 연방정부와도 오랫동안 친밀한 관계를 유지하고 있다. 일례로 미국 화폐인 달러 지폐에 새겨진 미합중국 문장(Great Seal of the United States)은 1880년대에 티파니가 기존의 것을 고쳐 디자인한 것이며, 미국 공식 행사에 사용되는 물건들(예를 들어 의전 행사용 해병 군도인 mameluke sword 등) 중에도 티파니가 제작한 것들이 많고, 백악관에서 사용

32) 까르띠에-나무위키
33) 티파니 앤코- 나무위키

하는 고급 식기[7] 및 국빈에게 증정하는 선물 등도 티파니 제품이다.

일반적인 명품 브랜드와 달리 가격 스펙트럼이 매우 넓다. 보통의 명품 브랜드같은 경우 고급스런 이미지를 위해 보급형 저가라인 브랜드를 따로 빼놓고 고가 마케팅을 유지한다. 하지만 티파니는 수십만원대 제품부터 억대를 호가하는 제품까지 다양한 가격대로 판매하고 있다. 이에 대해 비싼 보석 제품을 구매할 수 없는 젊은 청년들에게 티파니 상자 속 꿈을 담아 주는 일명 '티파니 드림'을 전하고 싶어 저가 브랜드 런칭을 안하고 있다고 밝혔다. 이렇게 티파니는 또 다른 마케팅을 하고 있는 것이다. 또한 모든 제품은 최고급 실버만을 사용하며 합리적인 가격들을 책정한 것일뿐 저가라는 표현은 사용하지 않는다고 한다.

문화속에서도, 티파니가 많이 등장하였다. 예를들면, 영화 《티파니에서 아침을》의 오드리 헵번이 뉴욕 5번가 본점 앞에서 샌드위치와 커피를 마시며 매장을 바라보는 장면은 매우 유명하다. 이 장면을 통해 티파니앤코는 상류층 여성들의 상징과 같은 브랜드로 자리매김하였으며, 세계적으로 이름을 알리는데에도 엄청남 큰 영향을 끼쳤다. 그리고 사업 다각화와 근래 흔히 말하는 인스타 세대를 잡기 위해 이 영화에서 아이디어를 얻어 뉴욕 본점 4층에 브런치 카페를 열어 정말로 '티파니'에서 '아침'을 먹을 수 있게됐다.
또한, 2013년 영화 《위대한 개츠비》를 통해 다시 한번 주목 받았다. 영화 속 배경인 1920년대 뉴욕을 재현하기 위해 티파니앤코와 전적으로 협력한 것이다. 영화에서 사용되는 과거를 재현한 쥬얼리 제작에만 18개월이 소요되었다. 영화 속 주인공들의 악세사리 뿐만 아니라 개츠비 집 인테리어 곳곳을 티파니앤코 제품들로 장식했다.

티파니 앤코의 역사를 보자면, 1837년 뉴욕의 259 Broadway에서 시작하였으며 처음에는 은 식기와 팬시용품을 판매하였으나 19세기 후반 다이아몬드 사업을 시작한다. 1940년 뉴욕 Fifth Avenue at 57th Street로 본점을 이전하였다. 5번가 본점은 현재도 영업을 하고 있다.

2021년 1월에 프랑스 LVMH에 인수되었다. LVMH가 미국 시장 공략[3]과 보석, 귀금속 악세사리 등 하드패션 부문을 강화하려던 차에 성장 동력이 떨어져가던[4] 티파니 측의 이해관계가 맞아 떨어짐으로써 성사됐다. 인수 금액은 주당 135달러인 총 162억 달러 (원화 19조 512억원)로 LVMH 그룹 출범 이후 최대 규모의 M&A로 기록되었다. 인수 완료 후, 까르띠에와 반 클리프 앤 아펠을 소유한 리치몬트 그룹과 티파니, 불가리를 보유한 LVMH가 보석 시장에서 본격적으로 상대하게 되며, 이들 브랜드와 격을 맞추기 위해 기존보다 더 프리미엄화 하는 방향으로 전략이 세워졌다. 때문에 향후 지속적인 가격 상승이 예상된다.

8) 루이비통

그림 30 루이비통

그림 31 루이비통 21s/s 컬렉션

루이비통(프랑스어: Louis Vuitton)은 1854년에 세워진 프랑스의 명품 브랜드이다. 줄여서는 LV라고도 부르며, 1854년 루이비통이 프랑스 파리에 최초로 매장을 오픈했다. 루이비통은 럭셔리 트렁크와 가죽제품들, 기성복, 신발, 시계, 보석, 액세서리, 선글라스, 책들로 이루어진 최고의 제품들을 가진 LV 모노그램으로 가장 잘 알려져 있다.[34]

창업자 루이비통의 이름에서 유래했으며 루이비통은 1854년 프랑스 파리에서 **'여행가방**

34) 루이비통 위키백과

전문점'으로 시작하였다.

그림 32 루이비통

루이비통은 1821년 프랑스 동부 안쉐 마을의 목공소 집안에서 태어났다. 아버지의 재혼으로 인해 14세 때 집을 나온 루이비통은 온갖 잡일을 하며 파리에 정착하였다. 파리에 도착한 후 가방 제조 전문가 밑에서 일을 배우기 시작한 루이비통은 섬세한 패킹 기술로 귀족들 사이에서 '최고의 패커'로 입소문이 나기 시작했다. 이후 황후의 전담 패커가 되었다.

그것을 계기로 그의 재능을 높이 산 외제니 황후는 그의 첫 매장을 내는 데에 후원을 해주었다. 그것이 루이비통 브랜드의 시작이었다. 당시 프랑스는 자본주의의 성장으로 인해 휴양문화가 발전하고 있었다. 이것이 루이비통에게 좋은 기회를 가져다주었다. 당시 여행용 트렁크들은 여러 개를 쌓기 어려운 둥근 형태였고, 매우 무거웠기 때문에 짐을 나르기에 무척 불편했다.

이것을 보고 연구하던 루이비통은 어릴 적 배웠던 목공일과 패커로의 경험을 바탕으로 캔버스 천에 방수 처리를 한 소재의 트렁크를 개발하였다. 이 트렁크는 황후뿐 아니라 유명 인사들이 사용하면서 널리 알려지기 시작했다. 제 2차 세계 대전 이후 여행의 수단이 기차에서 자동차로 바뀌게 되자 루이비통은 트렁크보다 작고 실용적인 가방 개발에 주력하기 시작했고, 1997년 루이비통의 아트 디렉터로 합류하게 된 마크 제이콥스로 인해 브랜드에 젊은 이미지가 가미되어 상품 영역이 확장되었다.[35]

2013년 11월 마크 제이콥스가 떠나고 새로운 크리에이티브 디렉터로 발렌시아가를 맡고

35) 루이비통/ 네이버 지식백과 인터브랜드

있던 니콜라 제스키에르(Nicolas Ghesquière)가 임명되었다. 전임인 마크 제이콥스는 새 일자리 대신 자신의 두 레이블에만 집중. 루이비통의 클래식 팬들은 마크 제이콥스가 너무 상업적인 방향으로 브랜드를 밀고 나가 럭셔리 브랜드로서의 가치를 낮게 만들었다는 평이 있었기 때문에 그가 떠난 것을 환영하는 분위기.

한편, 2011년부터 남성 부문을 이끌던 킴 존스가 2018년 가을, 겨울 콜렉션을 끝으로 디올로 건너가며 루이 비통을 떠나고, 오프화이트의 버질 아블로[5]가 새 수석 디자이너가 됐다. 이게 굉장히 파격적인게 일단 버질 아블로는 가격대가 낮은 브랜드가 아니긴 해도 역사 역시 굉장히 짧은 스트리트 패션 브랜드의 수장을 한 반면에, 럭셔리 중에서도 하이엔드급 브랜드인 루이비통의 남성 부문 디자인 수장이다보니 인사조치가 상당히 파격적이라는 평. 거기에 루이 비통 역사상 첫 흑인 디자이너라는 점 역시 여러모로 화제가 되었다.

9) 디올

Dior

그림 33 디올

그림 34 디올 2021 가을-겨울 오뜨 꾸뛰르 컬렉션

디올은 크리스챤 디올이 1947년에 창립한 프랑스의 럭셔리 패션 브랜드로, 여성의류, 남성의류, 백, 구두, 스카프, 주얼리, 시계, 향수, 베이비 제품 등을 제작·판매하고 있다.

크리스챤 디올은 1905년 프랑스 서부에서 태어났다. 그의 가정은 부유했고, 또래 남자아

그림 35 크리스찬 디올

이들과는 달리 꽃을 가꾸고 그림을 좋아하는 아이였다. 그가 조금 더 성장한 후, 아버지의 지원을 받아 파리에 소규모 아트 갤러리를 열었다. 하지만 전 세계적인 공황으로 디올의 아버지가 파산했고, 재정적인 도움을 받던 갤러리도 문을 닫아야 했다.

디올은 이러한 시기에 친구에게 패션 드로잉을 배워 그림을 그리고, 모자를 만들어 팔며 생계를 유지해나갔다. 그렇게 모자를 만들고 일러스트를 그리는 프리랜서의 삶을 유지하다가 그는 그것을 정리하고 디자이너 회사에 입사했다. 이후 그는 지인의 소개를 통해 가장 큰 직물 회사의 사장을 만났다. 그의 재능을 알아본 마르셀 부사크 사장은 디올을 회사로 영입할 것을 권유했지만, 자신의 브랜드를 론칭 하고자 했던 꿈이 있었던 디올은 그 제안을 거절하고, 마르셀에게 재정적인 지원을 받아 브랜드를 시작했다.[36]

디올은 2차 세계대전이 끝난 후 화려하고 사치스럽고 극도로 여성적인 옷을 만들었다. 이는 전쟁 직후의 망가진 나라를 생각하지 않는다며 수많은 사람에게 비판의 대상이 되었지만, 반대로 동경의 대상이 되기도 했다. 미국의 잡지 하퍼스 바자의 당시 편집장이 **"이건 정말 본 적 없는 옷(NEW LOOK)이다"**라는 극찬을 하면서, 크리스찬 디올은 **"뉴 룩"**으로 세계적인 명성을 갖게 되었다.

그 후로 많은 디자이너들이 디올을 거쳐 갔다. 크리스찬 디올의 사후 그의 제자 이브 생 로랑이 디올을 이끌었고, 마르크 보앙, 지안프랑코, 페레, 존 갈리아노, 빌 게이튼이 뒤를

---

36) 크리스찬 디올/ 네이버 지식백과 인터브랜드

이었다. 라프 시몬스를 이을 크리에이티브 디렉터로는 2017 S/S 컬렉션 데뷔와 함께 발렌티노 출신의 마리아 그라치아 치우리가 자리를 맡게 되었다. 그동안 디올을 거쳐 갔던 디자이너들은 전부 남성들이었는데 디올의 역사상 첫 여성 크리에이티브 디렉터이기도 하고, 남성 디자이너들이 보여줬던 감성과는 다른 감성을 보여주고 있다.

또한 최근 몇 년 사이에 한국에서 매출이 급성장한 브랜즈 중 하나이다, 2017년 기준 637억 원 수준이었던 매출이 2020년에는 3285억 원으로 3, 4년 사이에 5배 넘게 증가하였다. 과거에는 국내에서는 유독 비슷한 포지션의 브랜드들이나 센세이션을 일으킨 디올 옴므의 명성에 비해 국내 인기가 다소 떨어지는 편이었다.[3] 그러나 2018년대 들어서 LVMH사의 경영변화와 방탄소년단, 수지, 블랙핑크 지수 등 인기 연예인들의 홍보 활동과 킴 존스 이후 화려하고 세련되어진 디자인과 동시에 기존 스테디 라인이었던 레이디 디올, 새들백이 인기를 끌면서 국내 매출이 폭발적으로 증가하고 있다. 2017년 637억 원이었던 국내 매출이 2018년에는 967억 원, 2019년에는 1864억 원으로 크게 성장하였다.

또한 2020년 국내 매출이 공개되었는데, 국내 매출은 루이비통, 샤넬, 에르메스에 이어 4위로 3,285억을 기록했다. 이는 2019년 대비 76% 증가한 수치이며, 영업이익은 1,047억으로 137%나 성장했다. 참고로 위 수치는 프라다의 국내 매출을 넘어섰다. 37)

37) 크리스찬 디올/ 나무위키

10) 에르메스

그림 36 에르메스

그림 37 에르메스 버킨백

에르메스는 티에리 에르메스가 1837년 창립한 프랑스의 가족 경영 럭셔리 브랜드로 가방, 의류, 스카프, 신발, 시계, 향수 등을 제작하고 판매한다. 에르메스는 루이비통, 샤넬과 함께 3대 명품으로 통하며 그 중에서도 최고 명품 브랜드로 꼽힌다. 그 이유는 명품 브랜드 중에서도 고가 라인업 제품으로 가장 비싼 가격에 제품이 판매되고 있기 때문이다. 에르메스는 아직까지 수공업을 유지하고 있는 브랜드 중 하나로, 가족 경영을 포기하지 않고 있다.

대표적인 프리미엄 라인으로 에르메스의 핸드백 라인인 **'버킨백'**은 영국의 유명 가수 겸 배우인 제인 버킨의 이름을 따서 만든 에르메스의 가방으로 기본 모델의 매장가가 1,500만원 대에서 시작된다. 다만 해당 가격 의미가 없는 게 일반 고객에게는 버킨백을 판매하지 않으며, 특정 에르메스 매장에서 한 셀러 에게 어느 정도 다른 제품을 구입해서 어느 정도 실적을 채워야 가방을 구입할 수 있다.

'버킨백'에 얽힌 일화가 있는데, 1984년 에르메스의 경영자였던 장 루이 뒤마가 비행기를 탔다가 여배우 제인 버킨을 만났다. 버킨은 켈리백을 들고 있었는데, 가방 안이 정리가 안 돼서 지저분한 상태였다. 옆에서 본 뒤마가 '여배우 가방 속이 뭐 그러냐'고 핀잔을 주자, 제인 버킨이 '당신네 가방은 예쁘기만 하고 주머니 하나 달려있지 않아 실용적이지 않다.'고 대답했고, 이에 뒤마는 버킨에게 실용적인 가방을 직접 디자인 하면 만들어주겠다고 했다. 그래서 버킨의 디자인을 바탕으로 만들어진 것이 오늘날의 버킨백이 되었다고 한다.[38]

그림 38 티에리 에르메스

에르메스의 창립자 티에리 에르메스는 1801년 프랑스인인 아버지와 독일인 어미니 사이에서 태어났다. 티에리 에르메스가 15세가 되던 해에 전쟁과 질병으로 부모를 잃어 프랑스로 건너왔다는 설과, 신교도를 따르던 가족을 따라 파리로 망명했다는 설 등이 전해진다. 1837년 티에리 에르메스는 프랑스 파리의 마들렌 광장에서 안장과 마구용품을 생산하는 마구상을 냈고 그것이 에르메스 브랜드의 시작이었다. 그래서 현재 에르메스의 로고도 마차가 그려진 그림이다.

한편, 에르메스도 **'아트 마케팅'**으로 브랜드의 시너지 효과를 내고 있다. 에르메스는 지속적인 현대 미술 지원, 젊은 작가에 대한 창작 지원 등을 통해 명품 브랜드에 걸 맞는 문화

38) 버킨백/나무위키

및 예술계에서의 위상을 보유하고 기업의 수익을 사회에 환원하고 있다. 이는 장기적으로 명품의 진정한 가치를 인식하는 잠재고객을 발굴하는 효과도 있다.

특히 에르메스는 젊은 작가에게 관심이 많은데 '전통에 충실하며 값비싼 브랜드'라는 이미지를 가진 에르메스가 젊고 실험적 작가를 후원하는 것은 브랜드에 고급스러움과 동시에 **젊음, 신선함의 이미지를 부여**하기 위함이다. 이런 행보를 통해 에르메스는 패션과 현대미술의 경계가 허물어지는 최근의 경향을 주도적으로 이끄는 중심 브랜드 중 하나가 되었다.[39]

11) 버버리

BURBERRY
LONDON ENGLAND

그 림
39 버

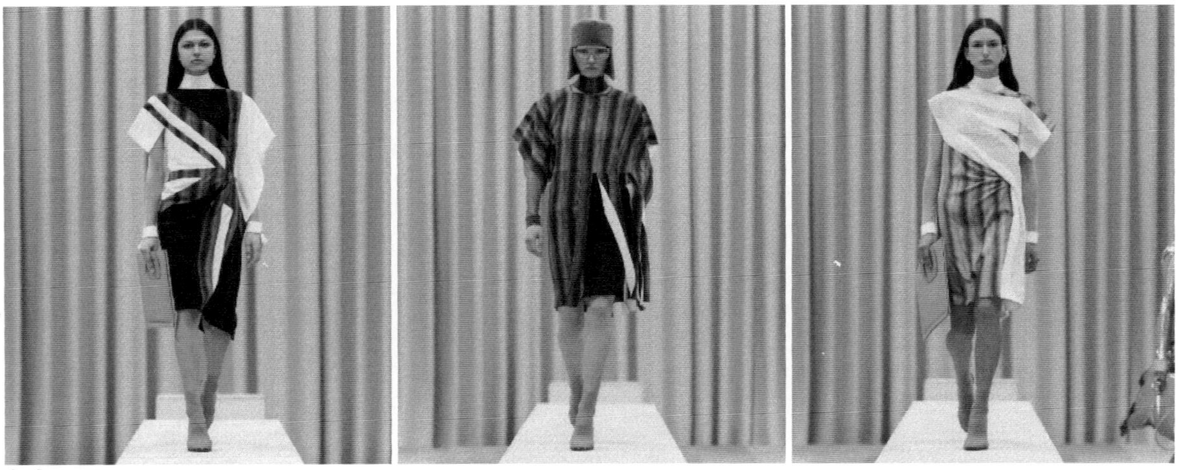

버리 로고

그림 40 버버리 21F/W 컬렉션

39) 에르메스/네이버 지식백과, 인터브랜드

그림 41 토머스 버버리

버버리는 1856년 영국에서 토마스 버버리에 의해 설립되면서 영국의 명품 패션 브랜드이며 세계적인 인지도를 가진 명품 브랜드이다. 특히 고유의 체크 모노그램으로 잘 알려졌다.

1856년, 21세의 젊은 청년 토마스 버버리가 햄프셔 지방의 윈체스터, 베이싱스토크에 소규모 포목상을 열었다. 토마스 버버리는 1870년대 사냥, 낚시 등 야외활동에 적합한 튼튼하고 질긴 면과 마 소재를 주로 취급했다.

1880년대 토마스 버버리는 햄프셔 지방의 농부와 양치기들이 입는 리넨 소재로 된 작업복에 주목했다. 그들이 입는 작업복은 여름에는 시원하고 겨울에는 따뜻하며 방수성 또한 뛰어나 토마스 버버리의 고향인 웨스트 서식스 주의 습하고 변덕스러운 날씨에 적당했다. 이에 토마스 버버리는 면 중에서도 최상급인 이집트면에 특별히 개발한 방수 코팅 기술을 더해 방수 기능을 갖추었으면서도 시원하고 통풍이 잘되는 개버딘이라는 직물을 개발했다. 이것이 바로 버버리 개버딘의 시작이다. 1888년, 토마스 버버리는 개버딘을 트레이드마크로 등록했다.

버버리의 스타일은 더위와 추위를 동시에 막아주는 스목의 기능성을 주목하고 개버딘이라는 새로운 소재를 개발했다. 개버딘이란, 중세 승려들은 순례용 망토를 만들 때 양털, 무명 등을 촘촘하게 엮은 능직을 사용했다. 이런 망토를 프랑스어로 개버딘이라고 말하였다.
또한 버버리는 1924년 5월, 버버리는 검정색, 하얀색, 주황색, 밤색 패턴에 버버리의 중세 기사 문양을 넣은 고유의 체크무늬를 선보였다. 이는 영국 스코틀랜드의 전통 문양인 타탄에서 영감을 얻은 것이었다. 타탄체크는 원래 신분을 나타나는 문양이었는데 단색은 하인, 2가지 색은 농민, 3가지 색은 관리, 4가지 색은 지방행정관, 5가지 색은 재판관, 6가지 색은 시인, 7가지 색은 왕족으로 구분했다. 버버리는 이런 체크 패턴을 버버리의 대

표 상품인 트렌치코트의 안감으로 사용하였고, 트렌치코트가 대중의 인기를 끌면서 체크는 버버리 브랜드의 상징이 되었다. 버버리는 초기의 체크 패턴에 시각적 변화를 준 다양한 체크 패턴을 가방, 셔츠와 등 여러 제품에 활용하고 있다.

버버리의 브랜드 가치는 글로벌 브랜드컨설팅업체인 인터브랜드에서 선정한 '글로벌 100대 브랜드'에 2009년부터 2013년까지 랭크되었다. 2013년의 순위는 77위였다. 버버리의 크리에이티브 디렉터 크리스토퍼 베일리는 2005년 영국 디자이너상, 2007년 올해의 남성복 디자이너상을 수상했고 2009년 영국의 중요한 패션 산업인 버버리를 부활하게 한 공로를 인정받아 엘리자베스 여왕으로부터 영국제국훈장을 수여받았다. 그 만큼 브랜드 가칙다 높은 이유는 버버리는 초창기에는 서민의 작업복으로 시작해서 영국왕실에 입는 옷이 되었던 영국의 아이콘이 되었고 또한, 온라인에서 비스포크 트렌티코트를 최초로 론칭하고 2009년에는, 2010년 겨울/봄 컬렉션을 온라인으로 생중계를 하면서 디지털 브렌딩을 선도하는 명품 브랜드이다.[40]

12) 꼼데가르송

그림 42 꼼데 가르송

꼼데가르송은 일본 디자이너 레이 가와쿠보가 1969년 꼼데가르송 라벨을 시작으로 1973년에 일본에서 설립한 의류 업체이다. 뜻은 프랑스어로 '소년들처럼'이라는 뜻이다. 다만 설립자인 레이 가와쿠보는 아무 의미 없이 그냥 발음이 좋아서 지었다고 한다. 한국에서는 꼼데 라는 약자로 불리기도 한다. 브랜드의 시그니처 아이템으로는 연미복 스타일 재킷과 흔히 땡땡이 무늬라고 불리는 물방울무늬의 셔츠이다. 창의적인 디자인으로 1970년대에

40) 버버리/네이버 지식백과

크게 주목 받던 이 브랜드는 1978년 남성 라인을 추가하며 더욱 성장했다. 1981년 프랑스 파리에서 데뷔 무대를 가진 꼼데가르송은 독특한 디자인을 선보였다. 처음에는 레이 가와쿠보의 개인 디자이너 브랜드로 시작을 했지만, 시간이 지나면서 소속 디자이너였던 준야 와타나베, 구리하라 다오, 간류 후미토를 수석 디자이너로 임명하면서 총 4명의 수석 디자이너가 각각 1개 이상의 라인을 맡아 공동 수석 디자이너 브랜드의 형식이 되었다.

그림 43 꼼데 가르송 2021 S/S 컬렉션

현재 12개의 부티크와 전 세계에 약 200여 개 이상의 매장을 가진 기업으로 유행의 선도자가 되는 걸 목표로 하는 컬렉션 부문과 눈 달린 하트로 대표되는 캐주얼한 PLAY 부문을 주축으로 하여 영향력을 넓히고 있다.41)

한국에선, 하트 로고의 플레이 라인만 일종의 스트릿 브랜드로 알려져서, '꼼데가르송 = 하트로고'라는 인식도 있지만, 이 플레이 라인은 사실 꼼데가르송의 13개 라인중 하나로 가장 저렴한 라인이다. 다만, 보통 반팔티 한 장이 10만원대부터 시작하며 메인 중의 메인 라인인 '꼼데 가르송'과는 디자인적인 방향도 다르다.42)

꼼데가르송은 **'아방가르드' 패션**으로 유명하다. 프랑스어 아방가르드:avant-garde는 군사

41) 꼼데가르송/위키백과
42) 꼼데라르송/ 나무위키

용어로, 전쟁에서 본대에 앞서 적진의 선두에 나가 적의 움직임과 위치를 파악하는 척후병을 뜻한다. 따라서 아방가르드라는 용어는 예술에 전용(轉用)되어 앞으로 전개될 새로운 예술을 탐색하고 이제까지의 예술개념을 일변시킬 수 있는 혁명적인 예술경향 또는 그 운동을 뜻한다.[43)]

그림 44 레이 가와쿠보(출처:How to spend it)

레이 가와쿠보는 1942년 도쿄에서 출생하였다. 미술과 문학 전공을 한 후, 일본에서 가장 큰 섬유화학 기업에서 직장생활을 하였다. 그 후로 일본 최초의 스타일리스트로 활동하다가 옷을 직접 만들고 싶어서 의류 디자이너로 본격적 활동을 시작하게 된다. 처음에는 브랜드명 없이 활동하다가 '꼼데가르송'이라는 브랜드를 만들게 되었다.

그녀는 정규 패션 교육과정을 거치지 않았지만 오랜 시간 스스로 천천히 키워온 미적 감각이 더욱 중요하다고 언급했다. 1975년 도쿄에서 첫 여성복 컬렉션을 개최하고 꼼데가르송 플래그십 스토어를 오픈하였는데 그녀는 매장을 마치 갤러리와 같이 꾸미고자 했다. 그녀의 플래그십 스토어의 옷은 마치 갤러리의 작품이나 인테리어와 같이 꾸며졌고, 이후에도 독특한 디자인으로 주목을 끌었다.[44)]

43) 전위예술 [前衛藝術] /두산백과
44) 레이 가와쿠보 [Kawakubo Rei] 서구 패션 미학에 도전한 본능적 혁신자/네이버 지식백과

4. COSMETIC

1) 바비브라운

그림 45 바비브라운

바비브라운은 미국의 화장품 브랜드로 1991년 뉴욕의 메이크업 아티스트 바비브라운이 설립하였다. 주로 전문직에 종사하는 오피스 레이디들을 타겟으로 하여 성공하였고, 아이

그림 46 바비브라운 판매 제품

라이너와 아이섀도 등 색조 제품이 유명하다. 고급 화장품 브랜드 중에서는 비싸지도 않고 싸지도 않은 가격대이다.

그림 47 바비브라운(출처: fashion chosun)

메이크업 아티스트 바비브라운은 1980년대에 유명 패션 잡지들의 메이크업 아티스트로 활동하며 실력을 인정받았다. 그녀는 나오미 캠벨에게 자연스러운 메이크업을 시연하며 대중의 주목을 받았다. 그녀는 1990년대에 **'노메이크업 룩(No Make-up Makeup Look, 일명 누드 화장)'** 트렌드를 이끌었다.

이후 1991년에 바비브라운 코스메틱스를 설립하여 '아름다워지는 비결은 간단하다-네 자신이 되는 것이다(The secret to beauty is simple-be who you are)'라는 철학을 기반으로, 자연스러운 피부 톤을 구현하는 메이크업 제품들을 출시했고 이 제품들은 일반 소비자 및 뷰티 전문가들의 지지를 받았다. 1995년에는 미국의 화장품 업체인 에스티 로더(Estée Lauder) 그룹에 인수되었고, 세계시장 진출에 주력하고 있다.[45]

---

45) 바비브라운 [BOBBI BROWN] /네이버 지식백과, 인터브랜드

2) 도브

그림 48 도브

도브는 생활용품, 식품업체인 유니 레버가 1957년에 설립한 영국의 미용. 위생용품 브랜드로, 보습 세안제를 비롯해 바디워시, 바디로션, 데오도란트, 헤어제품 등을 제조 판매했다.

브랜드의 이름 '도브'는 유니레버의 전신(前信)인 레버 브라더스(Lever Brothers)사는 1884년 유럽 시장에 일반인들도 사용할 수 있는 저렴한 비누를 출시해 청결·위생의 대중화를 이끌었으며, 1930년에는 '마가린 유니에(Margarine Unie, 마가린 생산업체)'와 합병해 유니레버(마가린 유니에의 '유니'와 레버 브라더스의 '레버'를 합성함)를 설립했다. 이후 유니레버는 다양한 비누 및 세정제품들을 출시해 생활용품 업계를 선도했다.

그림 49 도브 뷰티바

도브의 비누는 피부에 자극을 주지 않고 세안후 얼굴의 건조현상을 남기지 않았고 또한 유니레버는 타 제품과의 비교 광고 등을 통해 도브의 이러한 효과를 부각시켜 소비자들로부터 좋은 반응을 얻었다.

비누의 세정력에 보습 효과를 더한 도브는 제2차 세계대전 당시 군인들의 화상, 찰과상 등의 상처 부위에 치료 효과를 높이기 위해 개발되었다. 당시 시중에 출시되었던 대부분의 비누들은 세정 효과를 높이기 위해 다량의 알칼리 성분을 포함하고 있었다. 비누에 포함된 알칼리 성분은 피부의 보호막까지 빼앗아 피부가 건조해지기 쉽고 세균도 쉽게 침투할 수 있었다. 군수용품으로 보급되었던 도브가 좋은 반응을 얻자 유니레버는 1957년 비누와 다른 '도브 뷰티 바'로 기존 상품과 구분지어 출시했다.

유니레버에 따르면, 보습 효과를 도브 뷰티바 에는 1/4가량의 보습 성분이 포함되었다고 하며, 유니레버는 이를 '1/4 클렌징 크림 혹은 '1/4 모이스처라이징 크림'으로 소개해 왔다. 1970년대 도브는 '리트머스 테스트' 등을 통해 '중성의 순한 비누'라는 점을 강조했다.

도브 뷰티 바에 첨가된 재료에는 '소듐 코코일 이세치오네이트, 스테아린산, 코코넛 산, 소듐 텔로우왓, 소듐 스테이릿, 코카미도프로필 베타인, Sodium Cocoate, 물' 등이 포함되어 있다. 이 중 '소듐 코코일 이세치오네이트'는 야자유 지방산과 이세치온산이 혼합된 클렌징 성분으로, 피부에 자극이 적고 보습에 효과적이라고 한다.[46)]

46) 도브/ 네이버 지식백과

3) 베네피트[47]

그림 50 베네피트

그림 51 베네피트 틴트

베네피트는 1976년 쌍둥이 자매인 진포드와 제인포드가 설립한 미국의 화장품 브랜드로, 색조 제품을 비롯한 스킨케어, 향수 등을 제조하고 판매한다. 베네피트라는 이름은 이태리어로 '좋다'는 의미의 '베네(Bene)'와 영어로 '딱 어울린다'는 의미의 '피트(Fit)'를 접목시킨 것이다. 이는 영어 '베네피트(Benefit, 혜택)'의 뜻과 결합되어 베네피트 제품을 통해 고객들에게 예뻐지는 즐거움을 제공한다는 브랜드 철학을 가지고 있다.

47) 베네피트/ 나무위키

한편, 한국에서 판매되고 있는 **베네피트의 틴트제품**은 유난히 인기가 좋아 틴트 판매량 세계 1위를 차지한다. 베네피트 제품은 2001년 국내영화 **'엽기적인 그녀'에서 전지현이 사용했다고 알려지며 유명세를 타기 시작했다**. 당시 베네피트는 국내 정식 런칭이 안 되어 있어서 국내 여성들은 해외 직구까지 해야 했는데도 엄청난 인기였다. 이 인기에 힘입어 정식 런칭을 하고 유진을 모델로 채용한 뒤로 폭발적으로 판매량이 늘어 일약 유명해진 브랜드이다.

2011년 5월 발매한 '차차틴트'는 발매 1주일 만에 3만개를 넘는 기적적인 판매량을 달성했다. 팩트인 '썸 카인다 고저스'와 향수 '메이비베이비'는 이효리가 모 프로그램에서 쓴 걸로 알려져 이효리 팩트, 이효리 향수로도 불렸다. 가격은 향수와 토너 등을 제외한 상당수의 제품들이 45000원이라는 가격에 일괄적으로 판매된다. 50~60년대 복고풍의 핀업걸을 일러스트로 그려낸 카달로그와 이미지가 대표적이며, 핀업 걸 일러스트가 그려진 파우치 '개비백'도 유명하다.

또한 인터넷에서는, 매번 프로모션을 이용하여 얼마가 넘을 경우 물건을 덤으로 주거나 하는 사은행사가 있어서 미국 직구를 이용하는 사람도 많다. 직구는 한국까지 무료배송 되었으나 최근에 막혔다. 그리고 한국과 미국 사이의 어마 무시한 가격 차이도 있지만 온갖 블로거와 유튜버에게 퍼주는 수준으로 협찬을 돌리며 밉상을 받고 있다. 그 이후, 2019년 세포라가 한국에 들어오면서 세포라 매장에서도 구매할 수 있다.[48]

그림 52 포드 자매

진 포드와 제인 포드는 베네피트의 공동창업자로, 미국 인디애나(Indiana) 주의 작은 마을에서 태어난 일란성 쌍둥이 자매다. 언니 진 포드는 예술교육을 전공했으며 피부 미용에 관심이 많았고, 동생 제인 포드는 마케팅과 재무를 전공했으며 어릴 때부터 손재주가 좋고 장사 수완이 뛰어났다. 두 자매는 화장품 및 목욕용품 브랜드인 '칼곤(Calgon)'의 광고에

48) 베네피트/나무위키

함께 캐스팅되면서 모델 일을 시작했고, 화보 촬영을 위해 미국 전역을 돌아다니면서 여러 가지 화장 노하우를 터득하게 되었다. 이후 그녀들은 1976년에 메이크업 전문점 '더 페이스 플레이스'를 열었고, 이것이 베네피트 브랜드의 시초가 되었다.[49)]

4) 로레알 [50)]

그림 53 로레알

그림 55 로레알 판매제품

49) 베네피트 [benefit]/네이버지식백과, 인터브랜드
50) 로레알 /나무위키

로레알은 1907년에 프랑스 화학자인 외젠 슈엘러가 모발 염색제를 개발하고 '오레올(후광이란 뜻)'이라고 명명했다. 이 염색제가 파리의 미용실에서 큰 호응을 얻자, 1909년에 그는 회사를 설립하여 '프랑스의 안전한 모발 염색제 회사'란 뜻의 '소시에떼 프랑세즈 드 뗑뛰르 이노팡씨브즈 뿌르 슈보'란 이름으로 등록했다. 1910년에 '로레알'이란 브랜드명을 도입하고 후에 회사명도 '로레알'로 변경했다.

회사는 1984년부터 2003년까지 19년 연속 두 자릿수 성장률을 기록했으며, 전 세계 화장품 시장의 15% 이상을 점유하고 있다. 이러한 성장의 배경에는 연구 개발에 대한 과감한 투자 전략이 있다. 전 세계에 17개의 연구소를 두고 해마다 총 매출액의 3% 이상을 연구개발비로 투자하여 2003년 한 해에만 515개의 특허를 냈다. 1973년에는 제약회사 '신테라보'를 인수하여 치료제의 기능을 가진 화장품을 개발하기 시작했다. 2003년에는 식품회사 '네슬레'와 같이 알약으로 된 먹는 화장품 '이네오브 페르메테'를 출시했다.

또한, 공격적인 인수합병 전략도 회사의 규모를 키우는 데 크게 일조했는데 1964년 화장품 브랜드 랑콤의 인수를 시작으로 몸집을 계속해서 불려나가 2017년 기준으로 산하에 34개의 주요 브랜드를 보유한 거대 기업이 되었다. 34개의 브랜드 중 로레알 파리를 포함한 3개의 브랜드만이 자체적으로 만든 브랜드이고 나머지는 인수합병을 통해 로레알의 소유가 된 브랜드들이다.

로레알 그룹은 소유한 브랜드들을 유통경로에 따라서 시판, 헤어살롱, 백화점, 약국/병원의 4개 사업부로 나누었다. 시판 사업부는 '로레알 파리' '메이블린 뉴욕' 등의 브랜드를 화장품 전문점이나 대형 할인점 등을 통해 판매한다. 헤어살롱 사업부는 '로레알 프로페셔널' '레드켄' '케라스타즈' 등의 브랜드를 미용실을 통해 판매한다. 백화점 사업부는 '랑콤', '비오템', '키엘', '슈에무라', '조르지오 아르마니', '랄프 로렌', '까사렐' 등의 고가 브랜드를 백화점을 통해 판매한다. 약국/병원 사업부는 '비쉬' '라로슈-포제' 브랜드를 약국이나 피부과 병원을 통해 판매한다.

로레알 그룹의 릴리안 베탕크루 (전)회장은 전 세계에서 가장 돈이 많은 여성이였다. 개인 재산만 39.5조원이다. 현재는 그녀의 딸인 프랑수아즈 베탕쿠르 메이예가 상속을 받았고 그녀는 2020년 기준 현재 세계에서 가장 부유한 여성이며 앨리스 월튼을 비롯한 다른 여성 부호가 그 뒤를 잇고 있다.

로레알의 특성은 색조 화장품 보다는 헤어 제품 쪽에서 강세를 보이고 있다. 그렇다고 메이크업 제품이 안 좋다는 것은 절대 아니다. 대한민국에서는 이렇게 세 가지 헤어 제품이 유명하면서 참고로 크림 바스는 염색모나 개털이신 분에게 꽤 좋은 효과를 보이고 있다.

5) 키엘

Kiehl's

SINCE 1851

그림 56 키엘

그림 57 초기 키엘 약국(출처: Bizfact)

키엘은 1851년 존 키엘(John Kiehl)이 뉴욕의 브룬스윅 약국을 매입한 뒤 **'키엘 약국'을 오픈하면서 출발한 미국 화장품 브랜드이다.** 주로 프리미엄 피부, 모발, 신체 관리 제품을 다루며, 남성을 주 고객층으로 삼고 있다. 단순하면서도 간단한 제품 포장기법을 택하였다는 점이 마케팅 측면에서 다른 기업들과 차별화 된다.[51] 160년의 역사를 가진 키엘은 약국 전통에서 축적된 전문적인 지식과 허브와 같은 자연 성분에 대한 노하우를 바탕으로 피부에 자극적이지 않은, 순한 화장품을 만들어오고 있다.

1921년 존 키엘이 은퇴하자, 어빙 모스(Irving Morse)가 약국을 매입하여 직접 화장품을 만들어 판매하기 시작했고, 어빙 모스의 아들인 애런 모스(Aaron Morse)는 약물학 전공자로 스킨 케어 화장품 개발 및 판매에 주력하였다. 애런 모스의 딸인 제이미 모스 하이데거(Jami Morse Heidegger)는 샘플을 통한 입소문 마케팅으로 브랜드를 널리 알렸다. 키엘은 기존 화장품 브랜드와는 달리, 모델을 기용하는 등의 전통적인 광고는 지양하고, 대신 상품 및 주요 성분을 개발하는 데에 투자를 하면서 효과가 뛰어난 '자연주의 제품'이라는 이미지를 대중에 각인시켰다. 2000년 4월에는 세계적인 코스메틱 기업인 로레알(L'Oréal)에 매각되었으며 로레알은 키엘을 랑콤(Lancôme), 비오템(Biothem) 등과 함께 로레알 그룹에 인수되어 현재는 로레알 계열 브랜드이며, 2018년 들어 가수 위너 등 지속적으로 콜라보 되고 있다. 하지만 여전히 가격 대비 용량 면에선 백화점 입점 브랜드 치고는 상당히 저렴한 편이다.[52]

51) 키엘 /위키백과
52) 키엘 [Kiehl's] /두산백과

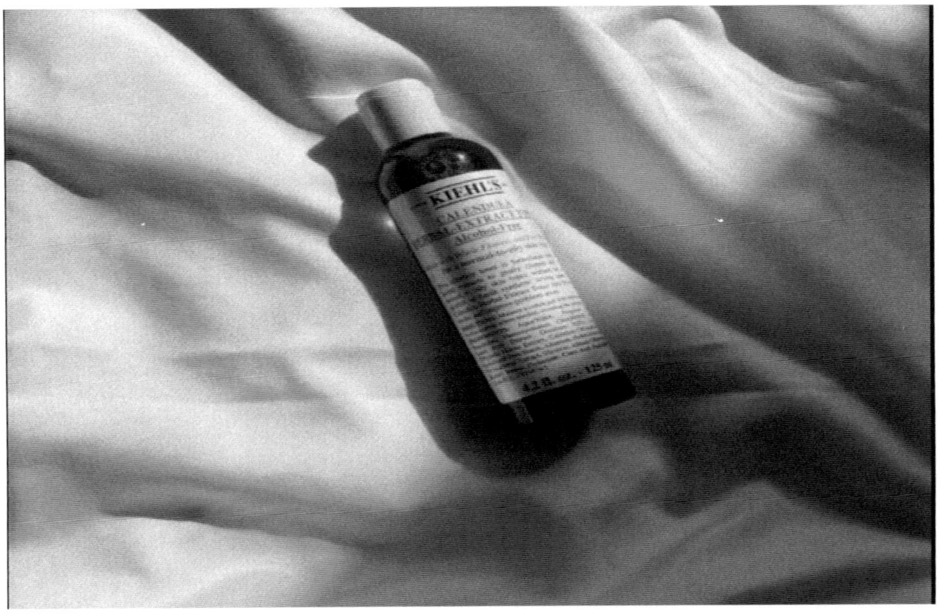

그림 58 키엘 판매 제품

여느 화장품들처럼 방부제나 화학성분이 들어감에도 불구하고, 활발한 마케팅으로 소비자에게 천연, 친자연 이미지로 비춰지고 있다. 무향의 제품이 많은 것도 요인 중 하나인 듯하다. 유명 상품은 립밤과 수분크림. 특히 울트라 훼이셜 크림으로 불리는 수분크림은 가격 대비 성능비가 뛰어나 여자들 사이에서 키엘을 저렴하고 기능이 뛰어난 제품으로 인식하게 했다. 건성 피부에는 찰떡궁합이지만, 지성에게는 호불호가 갈리니 테스트는 필수. 그 점을 의식해서인지 울트라 훼이셜 오일-프리 라인업을 런칭하며 오일 프리 수분크림도 내놓았다. 울트라 훼이셜 오일-프리 라인 중 가장 유명한 파란색 스킨은 파우더가 들어가있어 매우 건조하고 위에 유분기가 적은 젤 타입의 로션/크림을 바르면 밀려나온다. 지성 피부용으로는 블루 허벌 시리즈가 대표적이다. 또한 남성 화장품 시장의 판이 커지면서, 남성용 라인업인 '훼이셜 퓨얼(Facial Fuel)' 라인도 런칭하였다. 그리고 무엇보다도, 키엘 제품 중에서는 칼렌듈라 허벌 익스트렉트 토너도 피부 진정 제품으로 유명해 여성들에게 인기가 많은 제품이다.

6) 맥

그림 59 맥

그림 60 맥 판매제품

맥(M.A.C)은 ‘Makeup Art Cosmetics’의 약자로 캐나다, 미국, 유럽, 아시아 등 전 세계 350여 곳에 매장을 두고 있는 화장품 브랜드이다. 한국에서는 1999년 12월에 론칭을 했으며, 전국 35개 매장을 가지고 있다. 처음에는, 메이크업 제품을 콤팩트가 아닌 블랙 용기에 담아내는 방식이었고 당시 주요 메이크업 브랜드들은 스킨케어 회사였지만, 맥은 궁극적인 컬러 권위자로서 입지를 다지기로 선택. 이 선택으로 맥은 업계를 단숨에 사로잡았고 다양한 제품을 제공하며 거리의 메이크업 유행을 선도했다. 또한, 기금 마련을 위해 팝스타 신디 로퍼, 레이디 가가의 이름을 딴 비바글램 컬렉션과 환경 보호 프로그램인 백투맥 등 사회 공헌 캠페인을 전개 중에 있다.[53)]

7) 니베아[54]

그림 61 니베아

그림 62 니베아 판매 제품

니베아는 독일 바이어스도르프의 세계적인 스킨로션과 바디케어 브랜드이다. 1911년, 바이어스도르프가 최초의 스킨크림인 W/O 유화제를 개발하며 시작되었다. 전 세계 150개 지사, 약 1만8000명 이상의 직원이 근무하고 있으며 본사는 독일 함부르크에 위치해있다. 창시자인 오스카 트로플로비츠는 이를 '니베아'라 이름 지었는데, 이는 백설 공주를 의미하는 라틴어 단어에서 따온 것이다.[55]

한국에는 1982년 LG생활건강을 통해 들어왔으며 일부 제품은 국내 업체에서 OEM 생산

53) mac cosmetic/위키백과
54) 니베아 - 나무위키
55) 니베아/위키백과

한다. 나머지는 독일 현지 직영공장 생산품, 독일 타 기업 OEM 생산품, 태국 등 개도국 소재 현지 직영공장 생산품이다. 니베아 화장품은 편의점 화장품의 상당수를 차지할 정도로 생활용품에 가까운 간소하고 값싼 종류가 많다. 보습크림, 수분크림, 핸드크림, 로션, 립밤, 데오도란트 등이 있으며, 다이소에서도 아트릭스, 꽃을 든 남자 브랜드와 함께 판매하고 있다. 무엇보다 가성비와 접근성이 좋으므로 평소 화장품을 이용하지 않는 남성들도 무리 없이 사용하기 편한 제품이다.[56]

한편, 니베아는 '2018 국가 소비자중심 브랜드 대상'에 3년 연속 선정되었다. 또한 세계인으로부터 큰 사랑을 받는 니베아는 유럽 15개국 2만7000명의 소비자를 대상으로 한 설문에서 8년 연속 가장 신뢰하는 스킨케어 브랜드로 선정된 바 있다.[57]

8) 입생로랑 뷰티[58]

그림 63 입생 로랑 뷰티

56) 니베아/나무위키
57) [2018 국가 소비자중심 브랜드 대상/니베아]100년 전통 '니베아' 스킨케어 시장 이끌어/dongA
58) 입생 로랑 뷰티/ 나무위키

그림 65 입생 로랑 뷰티 판매제품

입생 로랑은 프랑스의 하이엔드 명품 패션 브랜드이면서 여성복, 남성복, 잡화, 향수와 코스메틱을 생산하다. 2016년부터 현재까지 안토나 바카셀로가 생로랑의 수석 디자이너 자리를 맡고 있다.

패션 디자이너 이브 생 로랑이 그의 배우자 피에르 베르제와 함께 1961년 프랑스 파리에서 설립했다. 2013 F/W 컬렉션 시즌부터 디올 옴므의 수장이었던 에디 슬리먼이 헤드 디자이너로 오며, 브랜드 명칭을 '이브 생 로랑(Yves Saint Laurent)'에서 '생로랑(Saint Laurent)'으로 바꿨다. 이는 생로랑이 더는 오뜨꾸뛰르를 하지 않은 점을 짚어 1968년도에 만들었던 프레타 포르테 브랜드 ‘생로랑’으로 다시 되살린다는 의미에서이다. 이뿐만 아니라 브랜드 로고 또한 현대적인 느낌의 산 세리프(San Serif) 서체의 로고로 완전히 새롭게 단장했다. 로레알 소속인 화장품 계열과 악세서리 라인은 입생로랑이라는 이름을 유지하고 있다. 1980년대 초반까지는 이브 생 로랑 본인의 서명을 본딴 필기체 형식의 로고도 있었다.

입생로랑은 특히 립 틴트가 영롱한 발색력과 예쁜 색상으로 인기가 많으면서,
또한 2016년에는 쿠션 파운데이션이 출시되어 영롱한 케이스로 주목을 받고 있다.

5. SPORTS WEAR

1) 나이키[59]

그림 66 나이키

나이키(NIKE)는 필 나이트(Phil Knight)와 빌 바우어만(Bill Bowerman)이 세운 미국의 스포츠 용품 회사로 주력 상품은 운동화이다. 1964년 '블루 리본 스포츠'라는 이름으로 시작하여 1971년 '나이키'라는 상호로 바꿨는데 나이키의 어원은 그리스의 승리의 여신 니케(Νίκη, Nike)에서 유래되었다고 한다. 현재 전 세계 스포츠 용품 시장에서 라이벌격인 아디다스를 제치고 **독보적인 스포츠 브랜드 1위 기업**으로 '애플', '구글', '코카콜라', '맥도날드' 등과 더불어 미국을 대표하는 기업 중 하나이기도 하다.

그림 67 나이키의 Just do it 광고

나이키는 브랜드 광고와 함께 순식간에 성장했다. 나이키의 슬로건이었던 'Just do it' 캠

59) 나이키/ 나무위키

페인은 스우시 마크와 함께 나이키의 대표 마크가 되었다. 이처럼 몰입도가 높은 **"Just do it" 광고**의 시작은 1988년으로 거슬러 올라간다. 나이키와 함께 성장한 광고대행사 위든앤케네디(Wieden & Kennedy)는 스포츠를 즐기는 기존 성인 남성에 더해 여성과 청소년을 끌어들이는 전략이 필요하다고 생각했다. **특히 운동화는 프로선수나 마니아들만 선택하는 것이 아니라 나이, 성별, 건강의 정도를 떠나 누구나 신을 수 있는 매력적인 신발**이라는 것을 알리고자 했다.

대중을 설득시키기 위해 엄격하기만 했던 기존의 나이키 광고에 **'감성적인 면'**을 부각시켰다. "Just do it"이라는 간단한 슬로건을 통해서 사람들에게 끊임없이 용기 있게 도전하라고, 실패를 두려워하지 말라고, 결단을 내리라고 도전적인 메시지를 전했다. 결과적으로 이 캠페인은 큰 성공을 거두게 되고 미국의 운동화 부문 시장점유율의 반을 차지하는 쾌거를 낳게 되었다.

그림 68 나이키 코르테즈 슈독

2019년에는, 코르테즈 레트로 제품이 출시 되었는데, 스우쉬의 디자인이 살짝 다르다는 것을 알 수 있다. 이것이 초창기 다음의 스우쉬 디자인이었고, 이를 복각시킨 것이라고 한다. 자수로 박을 정도 얇쌍하고 조금 안정감이 덜 든다. 하지만 지금은 변화를 많이 거쳤고, 조금 더 형태에 있어서 안정적이게 되었다.

2) 아디다스

그림 69 아디다스

아디다스는 아돌프 디슬러가 1948년에 설립한 독일의 스포츠 브랜드로 운동화, 운동복, 운동용품 등을 제조하고 판매한다. 트레이드 마크는 특유의 3선이며 '아디다스' 브랜드명은 아돌프 다슬러 별명인 "Adi(Adolf)"와 성 Dassler의 앞글자 "Das"의 6글자를 합친 의미이다. 아디다스는 특유의 3선 트레이드 마크로 유명하면서, 유럽 최대의 스포츠웨어 제조업체이며, 나이키 다음으로 세계에서 두 번째로 큰 스포츠웨어 제조 기업이며, 운동화를 비롯해 의류나 악세사리를 비롯한 다양한 제품을 판매한다.

그림 70 아디다스의 슈퍼스타

설립자인 아돌프 디슬러는 형 루돌프 디슬러와 함께 자택에서 축구화를 만들었다. 형제는 성격과 사상이 달라 서로 다른 신발 회사를 설립하게 되는데 아돌프 디슬러는 지금의 '아

디다스'를 만들게 되었고, 루돌프 디슬러는 '푸마'를 설립했다. 제2차 세계대전 후 아디 다슬러의 아들 호르스트 다슬러는 멜버른 올림픽에서 참가 선수들에게 자신들의 신발을 무료로 배포하는 것을 시작으로 스포츠 마케팅의 1인자가 되었다. 또한 가죽으로 만들어진 최초의 농구화 **'슈퍼스타'**는 농구선수들의 대호평을 받으며 아디다스는 미국 시장까지 석권했다.

그러나 점점 새로운 유행에 둔감해지면서 일반 소비자들에게서 멀어지고, 혜성같이 등장한 나이키에게 1인자 자리를 내주게 되었다. 하지만 힙합그룹 Run DMC가 아디다스의 상품을 매우 좋아하면서 아디다스는 **힙합 패션, 언더그라운드 스트릿 패션**의 아이콘으로 떠오르게 된다. 아디다스는 이에 힘입어 차후 스트릿 패션에 주력하는 Adidas Originals 라인을 생산하게 되고 수많은 셀러브리티, 디자이너의 콜라보레이션으로 공격적인 마케팅으로 패션분야에서 만큼은 나이키를 앞지르고 있다.[60]

그림 71 아디다스의 광고

또한 아디다스의 마케팅 광고도 유명한데 데이비드 베컴 등 유명한 스포츠 스타를 전면에 내세워 **'Impossible is nothing'이라는 슬로건으로 스토리텔링**을 했다.

60) 아디다스/나무위키

3) 컨버스

그림 72 컨버스

컨버스 주식회사(Converse, Inc.)는 미국의 스포츠웨어 회사다. 1908년 미국에서 마르키스 컨버스에 의해 설립되었으며 한국에서는 1996년 스프리스를 통해 소개된 적이 있다. 그러나 스프리스와의 계약만료에 따라 2005년에는 반고인터내셔날과 독점 계약 하에 독자 브랜드로 진출하게 되었다. 현재는 나이키의 자회사로 편입되었다.

초창기에는 풋웨어와 테니스 웨어를 생산하였으며 **세계 최초로 기능성 농구화**를 생산하였다. 후에 찰스 척테일러가 컨버스에 합류하여 척테일러 올스타를 탄생시키기도 했다. 참고로 둥근 원에 별 좌우측에 있는 영문 필기체로 쓰여 있는 'Chuck Taylor' 는 척테일러가 직접 사인한 것이다. 1984년 LA 올림픽에서는 공식 스폰서로 지정되기도 하였다.[61]

한편, 컨버스는 콜라보나 한정판매, 온라인 단독 판매등에 열을 올리고 있다. 한국 홈페이지에서도 자유롭게 커스터마이징을 지원해주는 반스와는 다르게 컨버스 커스터마이징은 아직 한국 공홈에서는 불가능하다. 대신 미국 공홈과 미국 나이키에서 커스터 마이징이 가능하다. 컨버스는 새로운 시도를 위해 패션 브랜드와 디자이너들은 물론이고, DC 코믹스나 심슨 가족 등 캐릭터부터 그린데이, 블랙 사바스, 고릴라즈 같은 밴드, 화가 등 아티스트나 건축가까지 수많은 콜라보레이션을 진행하고 있다.

61) 컨버스/위키백과

그림 73 21F/W 컨버스 신상품

4) 휠라

그림 74 휠라

휠라는 이탈리아계 한국의 의류 브랜드로 주로 스포츠웨어를 생산하고 있다. 1911년 이탈리아의 필라 형제가 창업하였으며, 1970년대부터 본격적으로 스포츠웨어를 생산하기 시작했고, 세계적인 브랜드로 성장하게 되었다. 2011년 아쿠쉬네트사를 인수하여, 골프용품 브랜드 타이틀리스트와 풋조이가 함께 휠라의 계열사가 되었다. 2012 런던 올림픽의 선수단 공식 활동복을 제공했으며, 2014년 하반기부터 광고에 김수현을 모델로 기용했다. 또한 소치 올림픽 국가 대표 팀 단체복도 휠라 제품이었다. 2018년 평창 동계올림픽 한국대표 팀 유니폼에도 휠라 마크가 있었다.[62]

그 이후, 2018년에는 고샤 콜라보를 넘어 하이엔드 브랜드중 하나인 펜디와의 컬래버레이

62) 휠라/나무위키

션마저 성사 시키며 당해 가장 핫한 브랜드 중 핫 하여 2018 올해의 신발로 선정되었고, 2019에는 중국에서의 인기가 치솟아 중국 관광객 들사이에선 한국에서 휠라 운동화만 사와도 본전 뽑는 거라는 우스갯소리도 있다고 또 중국 브랜드와 손잡고 새로운 고가 브랜드를 두 개 더 런칭 한다고 한다.

5) 반스[63]

그림 75 반스

반스는 1966년 미국 캘리포니아 남부에서 처음 론창한 스니커즈 판매 업체이며, 스포츠 보다는 캐쥬얼과 통통 튀는 세대들의 자유분방함이 돋보이고 컨버스 못지 않게 10대들의 사랑을 상당히 받는 브랜드이다.

한국에서는 2002년에 런칭한 ABC마트 KOREA가 라이선스를 보유하고 있었으나, 현재는 VF코리아에서 라이선스 회수 후 판매중이다. Vans는 스트리트 패션에서 인기가 있으며, 일명 “언더도그필”의 대표적인 브랜드이다. 헬스화로도 자주 쓰인다. 한국에서만 발매되지 않을 뿐이지 매 겨울마다 스노보드 슈즈도 발매하고 있으며, 서퍼들을 위한 서프 라인업도 발매하는 등 익스트림 스포츠 및 레저 스포츠 전반을 위한 제품들이 많다. 원래부터 스케이트보드화를 만들기 시작하면서 생긴 브랜드라 보더들 사이의 입지가 굉장하지만, 다만 같은 디자인이라도 내구성이 일반 ABC마트 등에서 볼 수 있는 모델과는 다른 다른 프로 모델이 따로 있는데 보통 튼튼하고 오래가는 프로모델 사이에서 일반 반스는 내구성이 조금 떨어지는 편이다. 물론 반스 유저들 사이에선 내구성 보다도 더 큰 문제는 쿠션감이 었지만, 2019년도 컴피쿠시 라인업을 발매하면서 일반 라인업에서도 쿠션감을 높인 제품들이 많아지고 있다.

63) 반스/나무위키

6. DESIGN

1) IKEA

그림 76 이케아

이케아는 스웨덴의 가구 및 생활 소품을 판매하는 다국적인 기업이다. **스칸디나비아 특유의 디자인**과 저렴한 가격, 그리고 무엇보다 소비자가 직접 운반하고 제작해 조립과 배송 비용이 없는 **DIY 제품** 판매로 발전하고 유명해진 기업이다. 이케아는 1943년 잉바르 캄프라드가 스웨덴에서 만들었으며 현재 이케아의 공식 소유주는 네덜란드에 소재한 스티징 잉카 재단이라는 비영리 단체로서, 잉카 재단이 이케아 그룹의 자주회사인 잉카 홀딩스를 100% 소유하고 있다. 또한, 가구유통이 아닌 상표권, 제품 디자인 등의 지적재산권의 경우 인터 이케아 홀딩스라는 별개의 회사에서 따로 관리하고 있다.

스웨덴 소년 잉바르 캄프라드는 1943년에 그의 아버지에게서 받은 돈으로 통신판매회사를 설립했다. 회사 이름은 그의 이름 이니셜 I,K와 그가 자란 농장과 마을 이름인 '엘름타리드(Elmtaryd)'와 '아군나리드(Agunnaryd)'의 이니셜 E,A를 합하여 '이케아(IKEA)'라고 지었다. 처음에는 볼펜, 지갑, 액자, 시계, 장신구, 나일론 스타킹 등을 팔았고, 1945년에 지역 신문에 광고를 싣기 시작했다.

1953년에 알름흘트에 첫 가구 전시장을 열었으나 제조사로부터 물건 공급이 중단되었고 회사는 가구를 직접 제조하기 시작했다. 캄프라드는 젊은 신혼부부들이 비싼 스웨덴 가구를 사는 데 많은 어려움을 겪는다는 사실을 알았다. 가격이 비싼 이유는 가구의 품질이 좋고, 경쟁이 활발하지 않은 탓에 가구 소매업자들이 높은 마진을 부과하기 때문이었다. 젊은 신혼부부들은 높은 할부이자를 물며 이런 제품을 사거나 아니면 수입된 하급품을 구입해야 했다. 이를 지켜보던 캄프라드는 좋은 품질의 가구를 매우 낮은 가격에 공급할 방법을 고안했다. 먼저 비교적 도시외곽으로 매장을 위치하여 임대비용을 절감하고, 가구는 조립형으로 설계하여 운반, 물류, 배송 비용 등을 절감하는 것이었다.

1963년에 처음으로 외국 시장으로 진출하여 노르웨이에 첫 번째 매장을 열었고, 현재 호주, 독일, 미국, 캐나다, 오스트리아, 프랑스, 벨기에, 체코, 아랍에미레이트 연합, 중국, 러시아, 일본 등 세계 52개국에 370개의 매장이 있다.[64][65]

또한 한국에서는 일본에서 한 번 실패를 맛보았던 경험이 있어서인지 대한민국에는 소식이 없었으나, 2014년 12월 경기도 광명시에 1호점을 내며 국내에 진출했다. 국내 가구 업계는 충공깽. 벌써 지상파에서 이케아가 다 박살내러 왔다는 등 과장과 호들갑을 제대로 갖다 붙이고 있다 2017년 10월 경기도 고양시에서 2호점인 고양점 이 개점하면서, 2019년 경기도 용인시에 3호점인 기흥점이 개점했다. 개점에 앞서 동년 11월 16날부터 24일까지 롯데몰 수지점에서 팝업 스토어를 운영하였고 2020년 2월에는, 부산광역시 기장군 오시리아 관광단지내에 4호점이 오픈했으며, 2019년 12월부터 2020년 1월 23일 까지 부산광역시 부산진구 서면에 팝업 스토어를 운영했다.

2020년 11월엔,S 사울 성동구 성수동에 도심 접점형 매장 이케아 랩을 열었다. 이케아랩은 이케아의 세 번째 도심 접점형 매장이다. 이케아는 2020년 5월 서울 현대백화점 천호점에 첫 도심형 매장인 '플래닝 스튜디오 천호'를 선보인 데 이어 8월 현대백화점 디큐브시티에 '이케아 플래닝 스튜디오 신도림'을 열었다.[66]

64) 이케아 /두산백과
65) 이케아 /위키백과
66) 이케아 /나무위키

2) 다이소

그림 77 다이소

아성다이소는 대한민국의 생활용품 할인점이다. 1992년 2월에 아성산업으로 설립한 뒤 1997년 5월 아스코 이븐플라자를 오픈하였다. 그 뒤 2001년 9월에 일본의 다이소 산업에 투자를 받아, 다이소 아성산업으로 명칭을 바꾸고 대한민국 내에 다이소 매장을 오픈하였다. 2018년 1월 '아성다이소'로 기업명을 변경하였다. 2020년 기준 연간 매출만 2조4천억원 (영업이익 1700여억원)이 넘고 한국 매장만 1300호점을 돌파하는 등 확실히 이분야에선 국내 선두를 달리고 있다.

다이소와 일본과의 관계는 일본의 다이소 운영 기업 '대창산업'의 투자를 받으면서 '대창'이라는 일본식 발음인 '다이소'라는 브랜드명을 그대로 가져다 쓰게 되었을 뿐 로열티를 별도로 지급하지 않는다고 한다. 한국 다이소의 최대주주는 '한일맨파워'이며 대창산업은 지분만 가지고 있을 뿐 사실상 별개의 기업이라고 밝힌바 있다.[67)]

2009년 다이소는 대한상공회의소 대한민국 유통 대상을 수상하게 되면서 언론의 주목을 받았다. 다이소의 상품은 20여개의 카테고리로 나뉘어져있고 정기적으로 600개 이상의 신상품이 출시되고 있다. 가격은 보통 5000원을 넘기지 않는 선이며, 자체적으로 품질 검사를 강화하고 있어서 국내의 대표적인 '가성비' 생활용품 브랜드로 꼽히고 있다. 다이소의 핵심 슬로건은 '천원의 가치'이다. 앞으로도 저렴한 가격에 품질이 좋은 제품의 균일가 정책을 유지하겠다는 의지가 국민 브랜드의 정체성을 지키고 있다.

---

67) 다이소/위키백과

3) 올리브영[68]

그림 78 올리브영

올리브영은 CJ그룹에서 운영하는 헬스&뷰티 스토어 이다. 의약품은 편의점보다도 종류가 협소한 편으로 회사에서도 드러그스토어란 표현은 쓰지 않았으나 '한국형 드로그스토어'를 표방했다. 현 법인 설립은 2019년 11월이지만, 사실은 1999년 처음 런칭하여 깔끔한 인테리어 디자인과 다양한 국내외 브랜드 화장품, 수입과자 등을 앞세워 국내 드러그스토어 시장을 개척해냈다고 말해도 과언이 아닌 브랜드로 현재 국내에서 가장 많은 매장을 갖고 있는 드러그 스토어이다.

올리브영에 맞서 겨우 존재감을 어필하는 랄라블라나, 대도시에 그나마 보이는 롭스, 약국이랑 헷갈리고 병원에만 주로 있는 더블유스토어, 있는지 없는지도 잘 모르는 부츠 등 다른 드러그스토어 브랜드와 달리 전국 각지의 번화가에서 그 존재감을 강하게 드러내고 있다.

특히 지하철역 주변에 많이 자리하고 있으며, 홈페이지에서 매장을 검색할 때도 아예 특정역을 검색 조건으로 설정할 수 있다. 서울은 이제 1km2마다 가게를 하나씩 꽂아넣는 경이로운 수준에 이르렀고, 6대 광역시나 그에 준하는 백만 도시에는 고교 학군마다 못해도 1~2개씩은 들어가 있다. 이제 우리나라 "시"급 행정구역에 올리브영이 없는 곳은 더 이상 없으며, 최근에는 대학가나 신도시도 아닌 군 단위 읍내라도 청년층 수요가 일정 수준은 되겠다 싶으면 출점하기 시작했다. 주요 고객층은 2030 여성으로 그에 걸맞게 여성들의 취향을 저격하는 제품 혹은 여성용 화장품 등이 주 판매 제품이다.

68) 올리브영 /나무위키

4) 무인양품[69]

그림 79 무인양품

무인양품은 1980년에 세이지 츠츠미가 설립된 일본의 생활용품, 의류, 가구, 학용품, 식품 브랜드이다. 또한, 무인양품은 알본 세이부 계열의 마트인 세이유의 PB브랜드로 출발한 것이 시작되면서 무인양품은 일본어로는'無印良品'이라고 읽는다. 無印는 '브랜드가 없다', 良品은 '품질이 좋은 제품'이라는 뜻이다. 즉 '상표가 없는 좋은 물건'이라는 의미다. 이름 그대로 제품 디자인에 브랜드가 전혀 등장하지 않는다. 무인양품은 브랜드명의 첫 알파벳 네 글자를 따 와 '무지(MUJI)'라는 이름으로 해외에 진출했다. 한국을 포함한 일본 이외 지역에선 이 이름이 주로 사용되며. 중국에서는 같은 의미의 무인양품(无印良品)그대로 사용된다.

그림 80 무인양품 생활 잡화

무인양품의 디자인 철학은 브랜드 각인 조차 없는 단순한 형태로 제조 공정을 간소화하여 원가 낮추는 것으로 가격과 디자인 모두를 잡고 성장하였으며 제품에서도 이러한 철학이 드어나면서 '평평하게 펴지는 노트'나'쌓을 수 있는 수납함' 같이 제품의 특징을 직관적으로 표현한다.

69) 무인양품/ 나무위키

5) SJYP[70]

그림 81 SJYP

그림 82 SJYP 데님 의류

SJYP는 스티브 J 요니 P 패션디자이너 부부가 운영하는 브랜드이다. 데님이 주력상품이며 국내에서는 가장 유명한 패션 브랜드로 손꼽힌다. 많은 연예인들이 사랑하는 패션브랜드이기도 하다.

70) SJYP /무신사 스토어

6) 슈콤마보니[71]

그림 83 슈콤마보니

그림 84 슈콤마보니 판매제품

슈콤마보니는 대표적인 국내 슈즈 브랜드이다. 코오롱인더스트리FnC의 소속 브랜드이며, 2021 F/W시즌에는 뉴트로 감성 가득한 컬렉션을 출시하면서 시그니처 아이템을 복각한 리에디션 컬렉션이다. 최근의 종영한 인기 드라마인 펜트하우스에 출연했었던 배우 한지현을 모델로 삼아 이번 컬렉션 운동화는 빈티지 하면서 유니크한 배색이 돋보이면서 스포티한 캐주얼룩에 배치하기 좋다.

71) 슈콤마보니 /쇼콜라 뷰티매거진

7) 럭키슈에뜨[72)]

그림 85 럭키슈에뜨

그림 86 럭키슈에뜨 2021F/W 컬렉션

럭키슈에뜨는 국내 패션 디자인 브랜드이다. 럭키슈에뜨는 클래식한 감성을 바탕으로 글로벌 감성의 개성 있고 스마트한 YOUNG SHOPPER를 위한 하이브리드&스마트 캐주얼 스트리트적 요소와 그래픽, 장난스럽고 유머러스한 아트워크를 통해 다양한 문화와 스타일을 제안하는 캐릭터 브랜드이다.

72) 럭키슈에뜨 /코오롱몰

7. DRINK

1) 스타벅스[73)]

그림 87 스타벅스

그림 88 스타벅스 메뉴

스타벅스는 미국의 세계 최대 커피 체인점이다. 나라별로는 미국에서 5,000개, 중화인민공화국에 3,800개, 일본에는 1,600개, 이탈리아에는 10개, 대한민국에는 1,600개 등을 운영하고 있다.

---

73) 스타벅스 /나무위키

한국에는 1999년 진출하여, 2021년 기준 1600여개의 매장을 운영하며 커피 프랜차이즈 업계 1위를 차지하고 있다. 신세계그룹의 주식회사 이마트와 미국 스타벅스 본사간의 50:50의 합작회사인 주식회사 스타벅스 커피코리아로 사업을 시작했지만, 계약 만료 시점에 미국 스타벅스가 지분을 전부 매각해 현재는 이마트가 단독 운영 중이다.
국내 진출 초기에는 높은 가격으로 주목을 받았지만, 타 체인들이 스타벅스 수준으로 가격을 맞추면서 현재는 평균 정도의 가격을 유지하고 있다. 상당한 품질과 가격 경쟁력으로 한국은 물론 전 세계 카페 점유율에 있어서도 압도적인 1위를 유지하고 있다.

최초의 스타벅스 매장은 1971년에 미국 워싱턴 주에 설립되었다. 개인적으로 친분이 있었던 제리 볼드윈, 제브 시글, 고든 바우커 세 사람이 동업하여 시작하였다. '스타벅스'라는 이름은 미국 작가 허먼 멜빌(Herman Melvil)의 <모비딕(Moby Dick)>에 등장하는 고래잡이 배 피쿼드(Pequod)의 일등 항해사 스타벅(Starbuck)에 S를 붙여 만들었다.

스타벅스는 원래 커피원두를 판매하는 회사였다. 하지만 영업담당 이사로 취임한 하워드 슐츠가 이탈리아 밀라노를 여행하고 돌아와서 커피원두뿐 아니라 에스프레소와 커피음료를 판매할 것을 제안하면서 커피 전문 브랜드에 관심을 가지게 되었다. 그러나 당시에 커피는 집에서 만들어 먹는 것으로 여겨졌기에 본래의 사업 취지와 맞지 않다는 이유로 거절당했다. 하지만 1987년 하워드 슐츠는 인근 지역 투자자들의 도움을 받아 스타벅스를 매입했고, 그 후로 스타벅스는 급속도로 성장했는데, 제품의 품질도 중요한 요소로 작용했지만 그보다 더 중요한 요인은 스타벅스가 소비자들에게 가정과 직장 다음으로 가장 안락한 장소로 자리매김한 것이었다.[74]

스타벅스 로고의 그림은 그리스 신화에 나오는 '세이렌(Siren)'이라는 바다의 인어에서 유래했다. 세이렌은 아름답고 달콤한 노랫소리로 지나가는 배의 선원들을 유혹하여 죽게 하는 것으로 알려졌는데, 이처럼 사람들을 홀려서 스타벅스에 자주 발걸음을 하게 만들겠다는 뜻이라고 한다. 1971년 설립 당시엔 갈색 배경의 상반신이 나체인 세이렌이 로고였으나, 1987년, 1992년, 2011년 세 번의 변화를 거쳐 녹색 배경의 세이렌의 얼굴이 클로즈업된 현재의 로고로 변화하였다.[75]

한편, 전쟁터로 변한 커피시장에서 스타벅스의 독주는 계속되고 있다. 스타벅스 커피코리아는 2년 연속 1조원대 매출을 기록하며 승승장구 중이다. 2017년 매출 1조2634억원, 영업이익 1144억원으로 전년 대비 각각 26%, 34% 증가했다. 이렇게 스타벅스가 승승장구하고 있는 비결의 중심에는 '브랜드 이미지 마케팅'이 있다.

스타벅스 창업주 하워드 슐츠는 "커피와 함께 경험과 공간을 파는 것이 중요하다"고 언

74) 스타벅스 [Starbucks] /네이버 기관단체사전, 굿모닝미디어
75) 스타벅스/위키백과

급했다. 그는 커피라는 본연의 제품과 더불어 편안한 공간에서 여유를 만끽하는 경험이 스타벅스의 진정한 상품이라고 말했다.

따라서 하워드 슐츠는 고객 타겟층을 고임금 여성근로자로 설정하고 이들이 원하는 바를 파악했다. 커피전문점이지만 '명품'같은 브랜드 이미지를 만들기 위해 주력했다. 컵 사이즈를 '스몰, 미디엄, 라지' 같은 영어 대신 '톨, 그란데, 벤티'라는 이탈리아어로 바꾸었고, 쾌적한 매장, 편안한 의자, 다양한 서비스 등이 스타벅스를 머물고 싶은 공간으로 만들었다. 소비자들은 스타벅스의 고급스러운 '이미지'를 구매하고 싶어 했다. 스타벅스의 로고가 찍힌 상품이 잘 팔리는 것도 이것 때문이다. 스타벅스는 커피뿐 아니라 텀블러, 머그, 코스터(컵받침) 등 연평균 400여종의 MD 상품을 출시하고 있다[76]

스타벅스의 특징으로는 베리에이션 커피류가 주력하면서 스타벅스의 유명한 베리에이션 커피로 카라멜 마끼아또가 있는데, 에스프레소의 쌉싸름함과 스팀밀크의 부드러운 목넘김, 카라멜의 달콤한 피니쉬를 즐기면 좋다.

또 다른 스타벅스의 마케팅 전략으로는 **'커스터마이징'**을 들 수 있다. 커스터미이징 이란 '주문 제작하다'라는 의미의 커스터마이즈(Customize)에서 나온 말로 소비자들이 자신의 취향에 맞춰 제품을 자신이 원하는 형태로 재구성하는 것이다.

스타벅스 마니아들이 즐겨 찾는 '더블샷'은 에스프레소 샷 두 잔의 라떼에 바닐라, 헤이즐넛, 캐러멜, 에스프레소 등 네 종류의 시럽 중 한 가지를 넣은 음료다. 더블샷 뒤에 원하는 시럽 종류를 붙여 말해 주문하면 된다. 더블샷 전용 사이즈의 컵에 얇은 막대와 함께 제공된다.

또한 칼로리 폭탄으로 '악마의 음료'라 불리는 메뉴들도 스타벅스의 인기 메뉴이다. 캐러멜 프라푸치노에 헤이즐넛 시럽, 자바 칩을 더해 트윅스 초콜릿 맛이 나도록 한 일명 '트윅스 프라푸치노', 딸기 크림 프라푸치노에 딸기 시럽과 자바 칩을 추가하고 초콜릿 시럽을 올려 아이스크림 '돼지바'의 맛을 살린 '돼지바 프라푸치노'도 스타벅스를 즐겨 찾는 고객들 사이에서 유명하다.[77]

이렇게 스타벅스는 차별화된 브랜드 마케팅으로 우후죽순으로 생겨나고 있는 커피브랜드 사이에서도 굳건하게 1위를 차지하고 있다.

---

76) 스타벅스는 어떻게 까다로운 한국인을 사로잡았나/MNB
77) [2017 프랜차이즈] 아는 만큼 즐긴다…프랜차이즈 업계에 부는 커스터마이징 바람/조선비즈

2) 블루보틀 78)

BLUE BOTTLE
COFFEE
블루보틀 커피

그림 89 블루보틀

블루 보틀 커피 컴퍼니(영어: Blue Bottle Coffee Company)는 미국 캘리포니아 주 오클랜드에 본사를 두고 있는 **스페셜티 커피 브랜드**이다. 2002년 제임스 프리먼이 설립했으며, 2017년 네슬레에 인수되었다.

블루보틀은 애플이 아이폰을 출시했던 때의 혁신과 닮았다면서 **'커피계의 애플'**이라고 불리기 시작했다. 현재 한국에서 유독 인기를 끌고 있는 '핫한 브랜드'이다. 한국인들의 블루보틀에 관한 검색량이 가장 많을 만큼, 블루보틀을 향한 국내의 관심은 뜨겁다. 따라서 한국에서는 뜨거운 관심을 이어 2018년, 강남에 1호점 오픈을 준비하고 있다.

블루보틀에 대한 관심이 증폭된 계기는 '인스타그램'의 해시태그 덕분이었다. 미국과 일본에만 매장이 있기 때문에 그곳을 여행한 사람들이 꼭 들러서 해시태그를 남기곤 했다. 블루보틀의 인기비결은 전 세계에 52곳 밖에 매장이 없는 '희소성'도 있지만 무엇보다 **'맛'** 때문이었다. 이곳의 커피는 로스팅 된지 48시간 이내의 원두를 사용하며, 주문을 받으면 핸드드립으로 내리기 때문에 커피를 받기까지 약 15분정도를 기다려야 한다. 따라서 **'기다리는 커피'**라는 별명이 붙기도 했다.

한국 진출에 있어서도 블루보틀은 **'고급 이미지'**를 유지하기 위해 메뉴 및 매장을 최소화

78) 블루보틀 /나무위키

하겠다고 밝혔다. 매장 확대나 광고 마케팅보다는 **'커피의 맛'**에 승부를 보겠다는 전략이다. 다만, 블루보틀은 전세계적으로 코로나 19가 유행함에 따라서 직원과 고객을 보호하기 위하여 한국과 일본을 제외한 모든 국가의 매장을 일시적으로 폐점한다고 밝혔다. 한편, 블루보틀은 한국 매장을 계속 운영하는 이유로 한국에서는 적극적인 방역 체계가 갖추어져 있고 정부가 확진자 및 방역 현황에 대해서 신속하게 시민들에게 보고하며 의료 체계의 역량이 높다는 점을 들었다.

3) 투썸플레이스[79)]

그림 90 투썸플레이스

대한민국의 커피 체인점이면서 CJ그룹이 가지고 있었으나, 현재는 홍콩계 사모 펀드인 앵커에쿼티파트너스가 가지고 있다. 다른 브랜드와는 달리 "Dessert Cafe"라는 슬로건 아래 케이크류가 중심인 커피 전문점이다. 매각 이후 CJ ONE 포인트 적립은 2021년 8월 31일까지 가능하다.

투썸플레이스는 상호 "A TWOSOME PLACE"는 A(혼자) + TWO(둘이서) + SOME(셋 이상에서도) 함께 즐길 수 있는 공간이라는 뜻을 담고 있다. 영어를 그대로 읽으면 에이투썸플레이스라고 해야 하나 한글로는 A를 빼고 '투썸플레이스'라고 하고 있다. 그러나 "TWOSOME"이 지닌 다른 의미 때문에 영미권 외국인들이 한국을 찾았을 때 간판을 보고 깜짝 놀라기도 한다. Urban Dictionary에서는 정신이 나갈 정도로 좋아서 마치 쓰리썸을 한 것 같은 느낌이 드는 잠자리를 일컫는 단어라고 서술해놓았다. 의외로 24시간 영업하는 매장이 소수이지만 있다. 21년 기준 노원 문화의거리점, 수원 망포역점, 안산 호수마을점, 대전 둔산중앙점, 인천 부평시장역점, 충남 행담도휴게소(하)점, 부산 서면일번가점, 부산 서면중앙점, 부산 송정힐스점, 대구 TBC점, 울산 시청점, 경남 디큐브거제점 등 12개다.

또한, 디저트 카페라는 컨셉답게 커피 평은 안 좋은 데 비해 케이크의 평가는 매우 좋다. 특히 케이크시트를 오레오로 대체하고 마스카르포네 치즈와 생크림을 섞어 만든 "아이스박스 케이크"가 대박을 터뜨리면서 계열사 뚜레쥬르의 케이크로 역수입되었다.

---

79) 투썸 플레이스 /나무위키

4) 네스카페[80]

그림 91 네스카페

네스카페는 스위스의 식음료 기업인 네슬레의 커피 브랜드로, 세계에서 가장 유명한 인스턴트 커피 브랜드이다. 1938년 스위스 네슬레가 가정에서도 쉽게 커피를 마실 수 있도록 인스턴트 커피를 개발하여 오랜 전통을 가지고 있으며 터키와 그리스 등 일부국가에서는 '네스카페'가 인스턴트 커피 자체를 가리키는 보통 명사화가 되었다. 제 1·2차 세계 대전 동안 네스카페는 미국의 배급품으로 지정되어 전 세계로 유통된 것을 계기로 성장해 나갔다. 현재 네스카페는 전 세계에서 1초에 약 5천5백여 잔이 소비될 만큼 인기 있는 커피 브랜드가 되었다. 미국에서는 1960년대 후반 테이스터스 초이스(Taster's Choice)라는 새로운 브랜드로 네스카페를 대체하였다가 2003년 다시 네스카페 테이스터스 초이스로 브랜드명이 변경되었다. 그이후 2014년 1월, 롯데푸드와 한국네슬레가 각각 50% 지분을 투자하여 합작회사를 설립하기도 하면서 네스카페 믹스커피의 생산과 유통은 롯데네슬레 코리아가 하게 되었다.

인스턴트 커피 외에도 캡슐 커피인 네스프레소 브랜드도 출시하였다. 아메리카노와 베리에이션 커피를 뽑아주는 머신인 돌체구스토도 있다.

그림 92 네스카페 머신 돌체구스토

80) 네스카페/ 나무위키

5) 맥심 81)

그림 93 맥심

그림 94 맥심 판매제품

맥심(Maxim)은 몬델리즈가 상표권을 가지고 동서식품에서 제조 및 판매하는 커피 브랜드이다. 한국에서는 1970년대 말부터 본격적으로 널리 알려진 브랜드가 되면서 ‘인스턴트 커피의 대명사’가 되었다. 제너럴 푸즈·크래프트 푸즈·몬델리즈 인터내셔널 그룹이 상표권을 갖고 있고, 초기에는 그들과의 기술제휴로 생산했지만 이후 동서식품 자체의 개발로 널리 생산하고 있다. 이에 따라 한국인의 입맛에 맞는 커피를 생산해냈고, 세계에서 처음으로 커피믹스 상용화에도 성공했다. 지금은 거의 동서식품의 국산 브랜드라고 봐도 무방하고, 상표권료만 몬델리즈 인터내셔널에 지급하고 있다.

또한, 동서식품은 2015년부터 매년 다른 콘셉트의 팝업 카페를 선보이고 있다. 제주도 '

81) 맥심/ 나무위키

모카다방'을 시작으로 서울 성수동에 '모카책방', 부산 청사포 해변에 '모카사진관'을 차례로 열어 소비자들에게 커피 한잔의 여유와 행복을 전하며 기업의 시그니처 제품인 모카골드에 대한 아이덴티티를 강화했다.

맥심은 오랫동안 인스턴트 커피 시장 80% 이상을 점유하며 압도적인 1위 자리를 놓치지 않았으나, 2011년부터 카제인나트륨 논쟁으로 점유율이 70%대로 떨어졌다. 이에 김연아를 맥심의 모델로 세우고, 무지방 우유를 넣은 화이트골드를 출시했다. 맥심 화이트골드는 출시 1달 만에 매출 100억원을 돌파했으며, 화이트골드의 점유율과 모카골드의 점유율을 합치면, 맥심의 시장점유율은 오히려 더 늘어난 계기가 되었다.

또한 인스턴트 원두 스틱커피 '카누'를 출시하여 출시 1년도 안 된 시점에서 인스턴트 커피시장 전체매출(1조 6천억)의 7%정도를 점유하는 대성공을 거두었고, 2013년에도 900억(4억 스틱)매출을 달성했으며 2014년에는 누적 11억 스틱 매출을 달성하였다. 연간 1500억원대 매출까지 성장한 인스턴트 원두커피 시장에서 80%의 점유율을 차지할 정도로 압도적인 시장지배력을 보이고 있다.

이외에도 당류를 25% 줄인 '모카골드 라이트', 우유를 넣고 설탕을 뺀 '모카골드 심플라떼' 등 새로운 커피믹스를 계속하여 출시하고 있다. 맥심을 거쳐 간 **수많은 스타들 또한 맥심의 브랜드 마케팅**이라 볼 수 있다. '이나영 커피', '김연아 커피', '정유미 커피', '아이유 커피' 등 제품의 이름보다 연예인 이름을 붙여 부르는 경우도 많다. 다만 당사자인 맥심은 2017년 후반부터 생산되는 제품부터 제품 포장에 모델의 사진은 다 뺐다.

최근에는, 맥심 브랜드의 플래그십 스토어 격쯤 되는 '맥심 플랜트'를 제법 큰 규모로 열었는데, 위치가 한남동에 있는 스타벅스 한강진R점 바로 옆이다. 맥심의 각종 로스팅 원두를 비롯하여 카페라테나 아메리카노 등 에스프레소 베리에이션 메뉴를 판매하고 있어서 흔히 알고 있는 맥심의 믹스커피나 동결건조커피와는 전혀 다르고 오히려 에스프레소 기반의 커피 프랜차이즈 스타일과 동일하다.

6) 코카콜라[82]

그림 95 코카콜라

코카콜라는 미국 애틀랜타에 본사를 둔 세계적인 종합음료회사로 1886년 존 펨버튼이 만든 코카콜라는 전세계에서 가장 많아 판매되는 음료이다.

1886년 약제사였던 펨버튼에 의해 만들어진 것으로, 원래는 소화제, 와인이 들어갔었다. 하지만 와인에 함유된 알코올 때문에 많은 사람이 마시지 못하자, 와인 대신 탄산수를 첨가해서 새로운 음료를 만들었고, 펨버튼의 경리 직원이었던 프랭크 M. 로빈슨(이 주성분의 이름을 조합해 코카콜라라는 이름을 붙였다. 1886년 당시에는 첨가물 없이 순순히 코카잎 추출 성분과 콜라나무 껍질 원액과 탄산수로 만들어졌었으며, 이것만으로는 부족해서 첨가물을 더 넣고 만든 것이 오늘날의 콜라이다.

이렇듯 코카콜라를 발명한 것은 펨버튼이었지만 코카콜라를 대중화시킨 것은 애틀랜타의 사업가였던 아사 캔들러였다. 1892년 캔들러는 2300달러를 주고 코카콜라 브랜드와 사업권을 사왔고, 1895년 코카콜라 원액 제조 공장을 시카고와 댈러스, 로스앤젤레스에 세웠다. 이후 1894년 처음으로 병에 담긴 코카콜라가 판매되었다. 20세기 들어 코카콜라는 미국 외 다른 나라들로 전파되었으며, 1920년 1000개 이상의 음료제조업체에서 코카콜라를 생산했다.

하지만 코카콜라가 인기를 얻게 되자 경쟁 업체의 모방 제품이 성행하기 시작했고, 평범한 용기 모양으로는 차별성이 없다고 판단하여 새로운 디자인을 모색하게 되었는데, 이를 디자인한 사람이 알렉산더 사무엘슨(Alexander Samuelson)이다.

인디애나주 루트 글라스 컴퍼니(Root Glass Company)의 유리직공이었던 사무엘슨은 브리태니커대백과사전에 실린 코코아 콩 꼬투리 삽화에서 영감을 얻어 병의 기본 형태를 만들었다. 그는 여기에 세로로 긴 홈을 새겨 병이 깨지거나 어두운 상황에서도 눈에 잘 띠도록 디자인했다. 수직 홈이 연출하는 리듬감을 따라 병체의 중앙이 불거진 독특한 형태는 나중에 코카콜라의 트레이드마크로 자리 잡았다. 1915년에 사무엘슨의 디자인은 특허를

82) 코카콜라/나무위키

그림 96 코카콜라 용기 디자인

받았고 시장에 출시되자 코카콜라만의 확고한 브랜드 아이덴티티를 다지게 되었다.

그림 97 코카콜라 겨울 마케팅

또한 코카콜라는 추운 겨울에 매출이 하락하는 음료업계의 약점을 정면 돌파하기 위해 **'겨울마케팅'**을 도입했다. 크리스마스의 상징 산타클로스가 코카콜라를 즐기는 모습, 한 겨울의 북극곰이 코카콜라를 좋아하는 모습 등을 TV광고에 실어서 겨울에도 코카콜라를 즐길 수 있다는 인상을 심어주었다. 이로 인해서 일반적으로는 콜라 업계 부동의 1위라고 인정받지만, 시대와 지역에 따라선 라이벌인 펩시가 우세를 점하기도 한다. 그러나 최근 펩시가 다이어트 코크와 2,3위를 다투면서 라이벌이라는 말이 무색해져 버렸다. 사실 2012년까지만 해도 인터브랜드 선정 브랜드 가치 순위에서 부동의 1위를 차지할 만큼 강력한 브랜드였다. 마이크로소프트나 맥도날드는 비교도 되지 않았다. 하지만 2013년부터 IT기업들의 브랜드 가치가 급성장하였고, 이에 2020년 기준으로는 6위에 랭크되어 있다.

7) 버드와이저 [83]

그림 98 버드와이저

버드와이저는 미국 앤하이저 부시에서 생산/판매중안 맥주 브랜드이며 King Of Beers(맥주의 왕) 이라는 슬로건으로 마케팅 하는 것으로 유명한 아메리칸 라거 맥주 브랜드이다.

버드 와이저는 체코에 같은 이름을 사용하는 부데요비츠키 부드바르라는 필스너 맥주가 있는데, 버드와이저의 창업주는 체코 사람이 아닌 프로이센 헤센 출신의 독일계 미국인인 아돌푸스 부슈이다. 당시 오스트리아-헝가리 이중제국의 보헤미아 지방에 위치한 도인 부트바이스를 여행하면서 지역맥주에 깊은 인상을 받았고 그곳 스타일과 명칭을 따와 맥주를 현지에서 양조, 판매하기 시작한 것이 시초이다.
사실 독일인 아돌푸스 부슈는 개인적인 사정으로 미국에 이민한 독일계 이민 1세였다. 그가 미국으로 건너온 이유는 아직까지 명확하게 알려져 있지 않지만 적어도 1차 대전이 발발 하기 전에 미국으로 건너왔다는 것을 보면 단순히 맥주라는 것을 미지의 아메리카 대륙에 널리 알리기 위해서임은 분명해 보였다. 그는 미국에 건너오자마자 맥주를 파는 양조장을 차려 강한 도수의 술을 마시는 미국인에게 아직은 생소한 맥주를 팔았던 것으로 전해진다.
그러나 독한 술에 익숙한 수많은 미국인들은 음료수와 마찬가지로 약해 빠진 맥주에 관심을 기울이지 않았다.

새로 경험한 미국에서 독일의 대표 음료인 맥주가 잘 팔리지 않아 힘겨운 나날이었지만 그 장래성을 알아본 미국인 앤하이저 가문의 장인의 마음에 들어 초대 버드와이저의 장인인 아돌푸스 부슈는 말도 통하지 않는 미국 미주리주의 세인트루이스에 정착했고 거기서 자신을 도와준 앤하이저의 가문의 딸 릴리를 만나 결혼하게 된다. 앞으로는 저도수의 맥주

---

83) 버드와이저/ 나무위키

가 유행할 것이라는 것을 알아본 에버하드 앤하이저와 그의 딸 릴리 앤하이저는 미국에서 실패와 좌절을 경험한 아돌프 부시를 설득하여 맥주 사업에 전념, 결국 그 유명한 맥주인 버드와이저를 탄생시키게 된다.

버드와이저는 미국 맥주 지만 한국에서도 만들어지도 있어서 이제 외국 맥주라는 인식은 거의 없다. OB맥주에서 라이선스 생산하기에 오드 와이저라고 부르기도 한다. 탄수화물을 줄인 컨셉의 버드와이저 아이스라이트라는 라인업도 있다. 그래도 한국에서 판매되는 버드와이저는 병과 캔 2종으로 병은 한국의 OB맥주 공장에서 생산하지만 캔 제품은 전량 미국 앤하이저부시 공장에서 생산한다.

8) 페리에, 1906[84]

그림 99 페리에

페리에는 일찍이 '광천수계의 샴페인'이라는 슬로건이 무색하지 않을 정도로 남다른 병 디자인으로 생수의 고급화를 선도했다. 프랑스인들이 일상 음료로 물보다는 와인이나 앱상트를 즐기는 풍토가 지배적이었던 시절, 내과 의사 루이 페리에 박사가 천연자원인 광천수를 병에 담아 팔겠다는 일념으로 1898년에 프랑스 남동부에 위치한 베르게제의 광천 소유권을 확보하면서 페리에의 역사는 시작했다.

페리에가 본격적으로 상품화된 것은 아일랜드 출신의 세인트 존 함스워스가 합류하면서부

84) 페리에/네이버 지식백과

터. 그는 소비자를 끌어 모으려면 페리에를 몸에 좋은 신개념의 하이테크 음료수로 포장하는 전략이 필요하다고 생각하고 1906년에 지금과 같은 형태의 독특한 유리병을 내놓았다. 애초에 영국 시장을 염두한 그는 우선 인도를 비롯한 영국 식민지에 주둔한 영국군에게 페리에를 파는 것이 유리할 것이라 판단하고 일명 '인디언 체조 클럽'이라 부르는 곤봉에서 병의 형태를 착안했다. 물방울처럼 우아하게 굴곡진 병은 단번에 소비자들의 눈을 사로잡았고, 차츰 병입 생수에 대한 시장의 요구가 늘어나면서 페리에는 버킹검 궁전의 저녁 만찬 식탁에까지 오르게 되었다.

사람들이 물방울 모양의 녹색 병만 보고도 페리에 임을 알아볼 수 있을 정도로 디자인은 성공적이었다. 그렇기 때문에 페리에는 병에 각별한 주의를 기울여왔다. 1973년부터는 베레리 뒤 랑그도크 유리 공장에서만 이 녹색 병을 생산하고, 주재료인 실리카 모래를 안정적으로 공급받기 위해 벵투 산의 채석장을 사들일 정도였다. 지금으로부터 100여 년 전에 처음 만들어진 페리에 병에 변화가 있었다면 레이블과 병뚜껑 디자인에서 아주 사소한 수정이 가해졌을 뿐 기본 형태와 색상은 지금까지 그대로 유지되고 있다.

8. FOOD

1) 맥도날드[85)]

그림 100 맥도날드

맥도날드는 레이크록이 1954년 딕 맥도날드와 마크 맥도날드 형제의 레스토랑 프렌차이즈 체인 사업권을 사들여 설립한 미국 패스트푸드 체인으로, 햄버거와 프렌치 프라이, 음료 등을 판매하는 패스트푸드 브랜드이다.

맥도날드는 미국의 대표적인 패스트푸드 프랜차이즈 점이자 거대한 다국적 기업이다. 현재는 전 세계에 있어 햄버거 패스트푸드의 대명사와 같은 존재가 되었다. 창업자는 아일랜드계 미국인인 리처드 제임스 맥도날드(Richard James McDonald)와 모리스 제임스 맥도날드(Maurice James McDonald) 형제이지만 맥도날드를 현재와 같은 위치로 끌어올린 기반을 마련한 것은 '레이 크록'이라는 체코계 미국인 사업가였다.

맥도날드 형제는 작은 식당을 운영하고 있었는데, 초기에는 고속도로 운전자들이 햄버거나 밀크셰이크 등을 사 먹을 수 있는 **드라이브 노점상**이었지만, **빠른 시간 내에 음식이 나올 수 있게 하는 식당으로 바뀌었다.** 이 식당은 훗날 패스트푸드점의 시초가 되었다. 맥도날드 형제는 햄버거를 빨리 조리하기 위한 방법을 고안하다가 손님이 직접 햄버거를 주문하고, 조리원 한 명은 패티만 굽고 한 명은 빵만 굽는 식의 분업화를 도입하였다. 이러한 시스템으로 음식을 받기까지의 시간을 상당히 줄여서 인기를 끌고 있었다.

이와 같은 맥도날드 형제의 식당을 지켜보던 레이크록은 형제에게 프렌차이즈 사업을 제안한다. 그러나 맥도날드 형제는 과거에 프렌차이즈 점의 퀄리티에 실망했던 전력이 있어

---

85) 맥도날드/ 나무위키

서 점포확장에 소극적이었고 레이크록은 부동산 회사를 별도로 설립하여 맥도날드 프렌차이즈 점의 토지를 소유하여 사업을 장악하게 된다. 따라서 레이크록은 자신이 1955년에 설립한 첫 프렌차이즈 점을 맥도날드의 1호점이라고 불렀다.

'골든 아치(The Golden Arches)'라 불리는 **M자 형태의 로고**가 탄생한 것은 1962년이었다. 이 로고는 프렌차이즈 지점들의 주방 설계자로 활약했던 기술자 짐 쉰들러(Jim Schindler)가 개발했다. 이것은 맥도날드의 이니셜인 'M'처럼 보이기도 했기 때문에 맥도날드는 이를 공식 로고로 활용하기 시작했다.

맥도날드는 다양한 메뉴의 출시와 함께 공격적인 마케팅으로 전 세계 패스트푸드 브랜드로 자리 잡았다. 먼저 1968년 출시된 '빅맥'은 지금도 맥도날드를 대표하는 메뉴가 되었다. 빅맥은 "참깨 빵 위에 순쇠고기 패티 두 장, 특별한 소스, 양상추, 치즈, 피클, 양파까지(Two All-Beef Patties, Special Sauce, Lettuce, Cheese, Pickles, Onions On A Sesame Seed Bun)"라는 이른 바 **'빅맥 송'**과 함께 TV광고에서 히트를 쳤다.

그림 101 맥도날드 빅맥

또한 1970년대 출시된 맥모닝은 직장인들이 출근 전 간단히 들러서 아침을 먹을 수 있는 세트 메뉴였다. 에그 맥머핀, 핫케익, 해쉬 브라운, 스크램블 에그 등 서양의 아침 식사로 구성되어 있다. 그 외에도 해피밀은 어린이들을 공략하기 위한 메뉴였고, 각종 저렴한 가격의 사이트 메뉴를 계속하여 개발하고 있으며 맥도날드 형제의 드라이브 노점 운영방식을 반영한 **'드라이브 스루' 시스템**을 고수하고 있다.

그림 102 맥드라이브 시스템

맥도날드는 가족적인 분위기를 강조하는 광고 마케팅을 하고 있었는데, 2003년에 들어서면서 새로운 이미지가 필요하다고 인식하게 되었고 '아임 러빙 잇'(I'm Lovin' It)이라는 슬로건으로 재정립하게 된다.

또한, 전 세계적으로 '웰빙' 바람이 불면서 패스트 푸드는 몸에 좋지 않다는 인식이 퍼져나가 수익에 타격을 받게 되면서 '웰빙 버거'와 소비자들의 커스터마이징 버거 '시그니처 버거'를 고안하는 등의 새로운 시도를 해오고 있다.

국내에서의 맥도날드는 매장 내부 사진 촬영이 금지 되어있는 체인점 이면서 이는 미국 본사의 방침으로 빅맥송 같이 참여 이벤트 등을 제외하고 매장 내부 등을 촬영할 경우 직원에게 제지당할 수 있으니 주의 해 야 할 것 이며 다만, 본인이 산 음식을 찍는 건 촬영 금지가 아니며. 실제로는 블로그나 SNS에 맥도날드 내부 사진이 흔히 게시되고 알바생도 잘 모르는 등사진 촬영이 잘 만 이루어지고 있다.

2) KFC[86)]

그림 103 KFC

KFC는 프라이드 치킨을 주력으로 하는 패스트푸드 브랜드이다. 켄터키 프라이드 치킨(Kentucky Fried Chicken)이라는 이름으로 시작되었으며, 창업자는 켄터키 주에서 닭튀김을 팔던 커널 샌더스와 피터 허먼이다. 본사는 켄터키 주 루이벨에 있으며 현재 전 세계 KFC 매장은 1만 개가 넘는다. 창립자인 커널 샌더스의 캐리커쳐는 KFC의 설립 초기인 1952년부터 로고(logo)로 사용되어 KFC의 마케팅수단으로 활용되었다.

1930년 할랜드 샌더스(Harland Sanders)는 노스코빈 교외지역에 있는 자신의 주유소에서 고객들에게 요리를 제공했다. 이것이 인기를 끌자 레스토랑을 정식으로 열었고, 그 후 10년 동안 독특한 맛을 내는 치킨 양념을 완성했다. 1952년 유타 주 솔트레이크시티에 '켄터키 프라이드 치킨'이란 이름으로 첫 매장을 열었다. 1956년 코빈의 매장을 팔고 프랜차이즈를 시작했고 캐나다로 사업을 확장했다. 1960년대 영국, 멕시코 등 해외로 진출했다. 1964년에는 미국, 캐나다의 매장 수가 600개를 넘었다.

1964년 켄터키 프라이드 치킨은 2백만 달러에 매각되었으며, 몇 차례 주인이 바뀐 뒤, 1986년 펩시코에게 넘어갔다. 1991년에는 정식 명칭을 약칭인 KFC로 변경하였다. 1997년 KFC는 피자헛, 타코벨과 함께 트라이콘이란 이름으로 독립되어 나왔으며, 이 후 2002년 트라이콘은 얌! 브랜드로 사명을 변경하여 현재는 미국의 얌!브랜드의 패스트 푸드 체인점이 되었다.

86) KFC/ 나무위키

KFC는 특별히 치킨에 '11가지 비밀양념'이라 불리는 양념재료를 첨가하고 있는데 이 재료들은 창립자인 커널 샌더스가 직접 독자적으로 개발한 양념이다. 따라서 재료명이나 과정 등은 커널 샌더스만이 알고 있으며 이외의 사람들에게는 철저히 비밀로 처리하고 있어서 사내 '극비'가 되었다. 하지만 이 레시피는 현재 국내에서 판매되고 있는 '핫 크리스피 치킨'이 아니라 '오리지널 치킨'에 해당되는 것이다.

또한 KFC는 치킨을 튀길 때 '압력솥 조리법'을 사용하는 것으로 유명하다. 창립자 커넬 할랜드 샌더스가 치킨을 튀길 때 압력솥을 사용하면 훨씬 부드럽고 촉촉하게 만들 수 있다는 것을 발견하였고 이후 프렌차이즈 점에서도 계속하여 이 방법을 고수하고 있다.

한편, KFC의 또 다른 트레이드 마크는 **'그레이비 소스'**인데 해외에서는 유명하지만 국내에서는 단종 되었고 그게 2020년대 까지 주욱 이어져왔다. 그이유는, 한국인들은 맵고 강한 맛에 익숙하기 때문에 상대적으로 느끼한 그레이비소스를 치킨과 함께 먹는다는 것이 낯설어 인기가 떨어지자 자체적으로 국내 매장에서는 판매를 중단하였다. 하지만 2019년 10월 22알부터 대한민국 KFC에 그레이비 포테이토 타르트라는 메뉴가 추가되면서 국내 KFC에서도 특유의 그레이비 소스를 맛볼 수 있게 되었으며, 2020년 11월 17일 케이준 후라이 출시 이후 그레이비 소스를 정식 출시하며 한국에서도 그레이비 소스를 별도로 주문할 수 있게 되었다. 한국인 입맛에 맞춰서인지 그레이비 소스에 어울리지 않는 달콤한 맛을 추가했고 소금맛이 줄어 밍밍해졌으며, 본래 맛보다 고기맛과 향신료 향은 더 옅어졌고 본토 및 타국에는 없던 이상한 민트향 감미료가 추가돼 그레이비도 아닌 요상한 물건이 되어버린 것도 모자라 30g이라는 적은 양에 가격은 다른 소스들의 2배인 500원으로 출시되었다.

그림 104 KFC 사이드메뉴

그 외에도 비스켓, 타르트, 코우슬로, 텐더 떡볶이 등 다양한 사이드 메뉴를 출시하여 다른 햄버거 브랜드와 차별점을 두고 있다.

3) 버거킹[87]

그림 105 버거킹

버거킹은 미국에서 탄생한 세계적인 패스트푸드 프랜차이즈 가운데 하나로, 햄버거를 중심 메뉴로 하는 음식점이다. 버거킹은 제임스 맥라모어와 데이비드 에드거턴이 1954년 미국 마이애미에서 시작한 퀵 서비스 레스토랑으로 햄버거, 치킨, 프렌치 프라이, 탄산음료, 밀크셰이크, 샐러드, 디저트 등을 제조하여 판매하고 있다. 맥도날드의 뒤를 이은 세계 2위 햄버거 업체로 꼽히며 본사는 플로리다 주 마이애미에 있다.

버거킹은 1953년 미국 플로리다 주 잭슨빌에 설립한 '인스타버거킹(Insta-Burger King)'이란 이름의 레스토랑에서부터 시작되었다. 창업자 케이스 크래머(Keith J. Kramer)와 그의 아내의 친척인 매튜 번즈(Matthew Burns)는 인스타버거킹의 사업이 기울자 1954년 마이애미의 프랜차이즈 업자였던 제임스 맥라모어(James McLamore)와 데이비드 에드거턴(David Edgerton)의 사업 전체를 매입했다. 이후 두 사람은 회사 이름을 '버거킹'으로 바꾸고 8년 만에 미국 전역에 250개의 매장을 운영하기 시작했다.

2014년 이후에는 캐나다의 커피·도넛업체인 팀 호튼스(Tim Hortons)와 합병했다. 합병회사는 RBI(Restaurant Brands International)라는 이름으로 새로 출범했으며 세계 3위 퀵 서비스레스토랑이 되었다. 합병 이후 버거킹과 팀 호튼스는 독립 브랜드로 운영되고 있다.

87) 버거킹/ 나무위키

그림 106 버거킹의 대표 메뉴 와퍼

버거킹은 '불에 구운 패티'로 유명하다. 패티에서 불맛이 나도록 직화로 굽는 방법이다. 또한 1957년 출시된 '와퍼(Whopper)'는 현재까지도 버커킹의 대표 메뉴이다. 이와 같은 '빅사이즈' 버거는 버거킹의 트레이드마크로 자리를 잡았다.

버거킹의 마케팅은 두산그룹 시절에는 한동안 오리콤이 광고를 제작해왔으나, 다른 햄버거 체인업체와는 다르게 광고를 잘 하지 않았었다. 그러나 BKR 문영주 회장이 광고인 출신이라서, 2013년 취임 이후 이듬해부터 광고기획사를 제일기획으로 갈아타며 다양한 광고를 시도하기 시작했다. 이에 따라 버거킹의 매출과 인지도는 급상승하였고, 당시 실적이 부진해진 KFC를 앞지르게 되었다. 광고에서는 주로 유명한 배우들을 섭외하는 편이다.

4) 쉐이크 쉑[88]

그림 107 쉐이크쉑

쉐이크쉑은 미국의 핫도그와 햄버거를 중심으로 2004년 설립된 패스트 캐주얼 레스토랑 체인점이다. 한국에서는 대게 쉑쉑이라고 불리는 편으로, 혹자는 쉑쉑이 영어 실제 발음에 가깝다고 하지만 전혀 그렇지 않다. 쉐이크쉑 측에서는 수제버거 라는 표현 대신 프리미엄 버거라는 표현을 사용하고 있으며 음료로는 밀크셰이크를 주력으로 판매하고 있다.

또한, 대한민국에서는 SPC그룹과 정식 계약 하여 아시아 중 3번째로 진출해 2016년 7월 22일 서울특별시 강남구에 1호점을 오픈하였고 12월 17일에는 청담동에 2호점을 오픈하였다.

2001년, 대니 마이어가 뉴욕의 매디슨 스퀘어 공원 복구 기금 마련을 위한 이벤트로 핫도그 카트를 운영하면서 시작되었는데, 큰 반향을 일으켜서 2004년 공원 내에 가게를 설치하여 정식 오픈하게 되었다. 대니 마이어 본인은 이 가게가 특별히 경쟁력이 있었다기보다는, 인터넷 시대에 분위기를 잘 탔음을 상공의 이유로 본다. 당시에 플래시 몹이 유행이었는데, 어느 대규모 눈싸움 플래시 몹 행사 참가자들에게 무료로 핫 초콜릿을 뿌린게 계기가 되어 트위터 상에서 이 가게는 우리 편이라는 이미지가 생겼다고 한다.

88) 쉐이크쉑 /나무위키

그림 108 쉐이크 쉑 버거

쉐이크 쉑에는 세트 메뉴/콤보 메뉴라는 개념이 없으며, 단품을 각각 따로 시켜야 한다. 햄버거, 감자튀김, 음료수로 세트 비슷하게 구성해서 구매하면 대략 15$ 정도 나오는데 맥도날드나 버거킹 같은 대중적 프랜차이즈와 비교하면 무려 3배에 달하는 가격이다. 전체적으로 보면 싼 메뉴는 한국이 더 싸지만, 패티 추가 등 이것저것 붙이다 보면 일본보다 삐싸지게 된다.

쉐이크 쉑의 마케팅 비법은 '쉑쉑데이' 라는 이벤트이다. 매달 22일은 쉑쉑데이로 특정 구성을 싸게 파는 쿠폰을 선착순으로 미리 나눠주고 이날만 사용할 수 있다. 쉑쉑데이의 메뉴 구성은 쉑버거 2개 + 프라이 2개 + 탄산음료 2개 이며 추가로 치즈소스 등을 주기도 한다. 가격은 22,000원인데 따져보면 쉑버거(6,900원)와 프라이(3,900원)는 제값이고 탄산음료(2,700원→200원)와 추가소스를 무료로 주는거라 할인이 좀 생색에 가깝다. 기본 버거인 쉑버거를 주고 프라이 2인분은 둘이먹기에도 양이 많고 탄산음료를 쉐이크 등으로 교환할 수도 없으니, 이 세트는 쉐이크쉑 입문용으로 먹어보는 정도로만 권장한다.

또한 쉐이크 쉑의 특징은 쉐이크쉑이라는 이름 답게 바닐라 쉐이크를 주력으로 판매한다. 물론 탄산 음료도 구매가 가능하다. 햄버거와 셰이크의 조합이 어울린다는 사람도 있는 반면, 콜라가 더 잘 어울린다는 사람들도 있으니 입맛에 따라 골라 먹자. 물론 셰이크가 더 비싸다. 매장에서 쉐이크 쉑 로고가 새겨진 패션 소품을 팔고 있으며 지역에 따라 어레인지한 디자인 제품도 판다.

5) 써브웨이[89]

그림 109 써브웨이

그림 110 써브웨이 샌드위치

써브웨이는 서브마린 샌드위치와 샐러드 등을 판매하는 미국의 패스트푸드 음식 브랜드이므로 세계에서 가장 매장 수가 많은 패스트푸드점이다. 닥터스 어소시에이츠 사(Doctor's Associates Inc.)의 소유로, 1965년 8월 프레데릭 드루카(Fred DeLuca)와 피터 벅(Peter Buck)이 샌드위치 가게를 열면서 시작되었다. 본사는 미국 코네티컷주의 밀퍼드에 있다.

써브웨이의 창업주 프레데릭 드루카는 17살이던 1965년에 의대를 가려고 돈을 벌 고민을 하던 중 아버지의 친구이자 핵물리학자였던 피터 벅(Peter Buck)이 길쭉한 빵으로 만드는 샌드위치 가게를 해 보는 게 어떠냐고 제안하면서부터 시작되었다. 고향인 코네티컷 주에서 피터 벅의 이름을 건 첫 가게(Pete's Super Submarine Sandwich)를 열었지만 2차례나 실패하다가 상호를 Subway로 바꾸고 지금처럼 야채를 잔뜩 넣는 등 변경을 거쳐 3회

89) 써브웨이 /나무위키

차 시도를 성공시켰고, 당시 생소했던 프랜차이즈 체인을 만들려는 구상이 성공해서 인기를 끌게 되었다.

실제로 미국에서는 2001년에 맥도날드를 뛰어넘는 매장 수를 보유해 맥도날드를 앞지르기도 했다. 입맛에 맞게 다양하게 고를 수 있어서 민족이나 종교의 제약을 받지 않으면서 무엇보다 가격이 저렴하고 품질이 괜찮은 것이 이유가 되었다.

써브웨이의 특징을 보자면, 샌드위치에 드어가는 속 재료는 물론 빵, 소스 까지 입맛에 A 고를 수 있는 특징으로, 주문자가 샌드위치 재료를 직접 전부 선택하는 '커스터마이징' 방식을 취하고 있다. 기본적으로 설정된 메뉴를 고르고 빵의 종류와 크기 선택, 오븐에 데울것 인지 여부 선택, 샌드위치에 들어갈 야채의 유무 선택과 더 넣고 싶은 야채 선택, 소스 선택 (중복 선택 가능), 포장 여부 선택 순으로 주문이 진행된다. 한국에서는 이와 같이 일일이 모든 메뉴를 고르는 것이 익숙지 않아서 추천메뉴가 생겨났다.

한편, 써브웨이는 공격적인 'PPL'마케팅으로 이름을 알리고 있다. 인기 있는 드라마에는 대부분 써브웨이에서 식사를 하는 장면이 나온다. 최근 몇 년 사이 히트를 쳤던 드라마 <도깨비>, <시카고 타자기>, <학교 2017>, <밥 잘 사주는 예쁜 누나> 등에서 써브웨이는 주인공들이 가는 핫플레이스가 되었다. 그리고 이러한 PPL마케팅은 써브웨이 홍보에 큰 역할을 하고 있다.

또한, 써브웨이 에서는 다른 패스트푸드보다 건강에 해롭지 않다는 것을 강조하고 있다. 미국 캘리포니아 샌프란시스코의 써브웨이 출입문에는 '학교, 병원에도 입점시켜 놓았을 정도로 건강한 샌드위치 브랜드!' 라는 느낌으로 광고를 하고 있다. 실제로도 열량이나 포화지방의 함량은 햄버거 브랜드들보다 낮은 편이다. 영양 비율 역시 몇 종류의 기름진 샌드위치를 제외한 로스트비프나 로스트치킨, 클럽 샌드위치의 경우 압도적으로 좋은 영양 비율을 보인다. 다만 메뉴에 따라 지방이 높을 수 있으니 주의. 가장 높은 참치 샌드위치가 29.8g로 빅맥의 지방량과 비슷하다고 할 수 있다.

6) 하겐다즈[90]

그림 111 하겐다즈

하겐다즈(Häagen-Dazs IPA: ['hɑːgəndɑːs])는 폴란드계 미국인 루벤 매투스가 1961년에 설립한 아이스크림 브랜드이며, 제너럴 밀스가 소유하고 있으며, 뉴욕 시 브롱크스에 본사가 있다. 2013년 시점에 세계 59개국에서 판매되고 있는 인기 브랜드이면서, 바닐라, 초콜릿, 커피 맛으로 시작해, 지금은 미국 전역과 전 세계 54개국에서 체인 점포를 운영하고 있다. 다양한 맛의 아이스크림, 소르베, 요거트 등이 대표 메뉴이며, 진한 농도와 높은 버터지방을 포함한 프리미엄 브랜드이다.

하겐다즈라는 이름은 하겐 + 다즈의 조어. 일단 낙농업이 발달한 국가로 널리 알려진 덴마크의 이미지와 이에서 파생된 '아이스크림하면 덴마크산'이라는 선입견을 이용하고자 덴마크의 수도 코펜하겐에서 '하겐'을 따고, 여기에 적당히 음운이 맞는 '다즈'를 조합한 것으로 단어 자체에 별 의미는 없다. 발음은 물론 코펜하겐의 하겐처럼 움라우트a가 묵음처리 되어 하겐다즈. 참고로 프랑스 생산 공장에서 주로 물건이 넘어오는 한국에서는 이 이름을 가지고 프랑스에서 온 맛이라며 광고문구로 써먹는다. 이로 인해 독일 기업으로 오인되어 독일에게 월드컵에서 패배한 잉글랜드 홀리건들이 화풀이도 박살내는 가게로도 유명하다.

또한, 한국에서는 주로 편의점이나 전문 매장, 대형마트 등의 할인 매장에서 판매한다. 오프라인 매장에서는 파인트나 스몰컵 제품으로 출시하지 않는 종류도 판매한다. 맛에 대한 호불호를 떠나 누구나 인정하는 특징은 매우 비싸다는 것이다. 그런데 제조공장이 있는 미국이나 일본에선 이 정도는 아니다. 정확히는 일본 생산품이다 보니 엔저에도 불구하고 가격이 큰 폭으로 오르지 않은 것에 가깝다. 쉽게 말해 일본대비 한국이 2.5배 비싸다.

---

90) 하겐다즈/ 나무위키

7) 배스킨라빈스[91]

그림 113 배스킨라빈스

31요거트	그린티	레인보우 샤베트	민트 초콜릿 칩
베리베리 스트로베리	바닐라	바람과 함께 사라지다	사랑에 빠진 딸기
슈팅스타	아몬드 봉봉	엄마는 외계인	월넛
자모카 아몬드 훠지	체리 쥬빌레	초콜릿	초콜릿 무스
쿠키 앤 크림	피스타치오 아몬드	이상한 나라의 솜사탕	초코나무 숲

그림 113 배스킨라빈스 판매제품

배스킨라빈스는 미국의 아이스크림 프랜차이즈이다. 1945년에 캘리포니아 주의 글렌데일에 어바인 라빈스와 그의 매부 버턴 배스킨에 의해 설립되었다. 로고의 31은 '한 달 내내 매일 한 가지씩 먹을 수 있는 31가지의 다양한 아이스크림을 갖추었다'라는 의미를 담고 있다. 세계적으로 5,800개가 넘는 매장이 있고, 한국에는 1,200개의 매장을 가지고 있다.

91) 배스킨라빈스 /나무위키

라빈스와 배스킨이 배스킨라빈스 창업을 결심한 이유는 제 2차 세계대전의 영향이 크다. 미군은 전투식량에 많이 신경 쓰는데 2차대전 시기 미군도 예외는 아니었다. 전쟁 도중에도 사기 진작을 위하여 아이스크림을 전선의 병사들에게 보급하는 방법을 고안하는데, 그것이 바로 아이스크림 제작, 보급만을 위한 함선을 운용하는 것이었다. 이때 당시 어브 라빈스와 버트 배스킨도 그 함선에서 일을 했다.

배스킨라빈스의 마케팅은 이달의 맛으로 달마다 새로운 신 메뉴의 아이스트림을 공개한다. 해당 달이 지나면 단종되며, 이는 스타벅스의 프로모션 방식과 비슷하다. 싱글 레귤러로 이달의 막을 선택할 시 500원을 추가하면 더블 주니어로 사이즈업 시킬 수 있다. 또한, 31데이 사이즈업이라는 매달 31일 배스킨라빈스 패밀리를 하프갤런으로 업그레이드 해주면서 이렇게 구매하면 g당 가격이 18.3원이 된다. 해피 앱에서 31데이 스탬프 7개를 모으는 이벤트도 있다.

8) 크리스피크림[92]

그림 114 크리스피크림

크리스피 크림은 미국의 도넛 체인 브랜드이다. 1933년 버논 루돌프(Vernon Ruldolph)와 그의 삼촌이 켄터키 파두카(Paducah)에서 셰프 조지프 르뵈프(Joseph LeBeouf)로부터 이스트로 발효시킨 도넛의 레시피와 그의 도넛 가게를 인수하면서 시작되었다. 이들은 도넛을 자전거로 배달하며 판매하였고, 오늘날 세계적인 체인을 이룬 회사로 키웠다.

그림 115 크리스피 크림 도넛

크리스피 크림은 미국 전통의 **'글레이즈드 도넛'**으로 유명하다. 매장에서 직접 도넛을 만들어 파는 것이 특징이지만 크리스피 크림이 줄어든 이유는 2000년대 후반으로 들어오면서 웰빙 바람 때문에 고칼로리, 고지방인 크리스피 크림을 많은 사람들이 기피하게 되었

92) 크리스피크림 /나무위키

고, 또한, 크리스피 크림은 도넛을 팔다가 그 해 목표치 만큼 못 팔게되면, 그만큼 도넛을 일부러 소매점에 공급한 뒤에 회계상으로 팔았다고 해서 회사가 건재해 보이게 회계 부정을 저질러 큰 타격을 받았지만, 2016년부터 조금씩 확장을 하는 방법을 추구하여 다시 회복 하였다.

9) 던킨도넛츠[93]

그림 116 던킨 도너츠

그림 117 던킨 도너츠 판매제품

던킨 도넛은 미국의 커피 체인점 브랜드이며, 한때 세계 최대 규모의 도넛 체인점을 운영했던 가업이다. 36개국에 11,300개의 매장을 두고 있으며, 그 중 3,200개는 해외 매장이다. 기업은 1950년 매사추세츠에서 윌리엄 로젠버그(William Rosenberg)가 설립했다. 이 브랜드는 60년이 넘는 세월 동안 커피와 도넛 시장에서 꾸준히 인지도를 키워왔으며, 우리나라에서는 1994년에 첫 점포를 개설했다.

미국 던킨 브랜즈 산하에 있으며 이름의 유래는 '(커피에) 적셔 먹는 도넛' 이란 의미로 Dunking의 슬랭 표현인 Dunkin'과 Doughnut의 미국식 철자 Donut을 조합한 것이라고 한다.

---

93) 던킨도넛츠 /나무위키

또한, 던킨도너츠는 2018년 말부터 브랜드명 변경을 추진하면서 던킨의 본진인 보스턴 지역을 필두로 기존 간판을 다 미니멀한 던킨으로 갈아치우기 시작하여 2019년 1월을 기점으로 정식 사명을 DUNKIN' DONUTS에서 줄인 DUNKIN'으로 변경하였다. 애플컴퓨터에서 애플로 바뀐 경우처럼 몇 십 년 동안 쓰였던 이름을 더 미니멀하게 만들었는데, 이는 도넛뿐 아니라 커피 등 다양한 품목들을 판매하여 더 이상 도넛에만 묶여 한정되지 않겠다는 의도이며, 실제로 던킨 매장에서 도넛이 차지하는 비중이 줄어들고 커피의 비중이 크게 늘어났다. 그리고 또한, 2020년 마국 외식업체 인스파이어 브랜즈에 113억 달러에 인수 되면서 인스파이어 브랜즈는 던킨 인수 합병후 뉴욕거래소에 상징되어 있던 던킨 브랜즈 주식 DKKN을 유상 매입 상장폐지 시키고 비상장 기업으로 전환시켰다.

하지만 2021년 9월 던킨도너츠에 납품하는 비알코리아 운영 안양공장 직원의 내부고발로 시작되었다. 던킨도너츠 안양 공장 5층에서 고발자가 촬영한 영상에는 위생이 청결하지 않은 설비와 반죽에 들어간 기름때가 찍혀 있으며, 이는 KBS 뉴스 9를 통해 최초 보도되었다. 식품의약품안전처는 이날 안양공장에 대한 특별점검을 실시했다. 비알코리아는 환기장치를 매일 청소하는데 누군가 의도적으로 청소를 안해서 일어난 일이라고 해명했다. 폭로한 직원은 국민권익위원회에 공익신고자 보호 신청을 했다

10) 켈로그 94)

그림 118 켈로그

그림 119 켈로그 시리얼

켈로그는 곡물로 만든 시리얼의 브랜드로, 대한민국에서는 1980년 농심그룹과 합작으로 농심켈로그가 제조 판매하였다. 콘플레이크의 개발자인 미국인 '윌리엄 키이스 켈로그(Will Keith Kellogg)'가 1906년에 회사를 설립하여 판매하기 시작했다.

본래 콘플레이크는 약사이자 의사였던 그가 자신이 운영하던 요양소 환자들에게 식이요법

94) 켈로그[Kellogg's] /나무위키

에 따른 건강식 아침식사를 제공할 방법을 **고민**하다가 세계 최초의 플레이크형 시리얼을 개발하였다. 환자는 물론 그 가족과 친지에게 호응을 얻었고 퇴원 후에도 주문이 쇄도하자 플레이크의 시장성을 간파한 동생 윌 켈로그(Will Kellogg)가 가세해 1906년에 미시간주 배틀 크릭에 회사를 설립하고 본격적인 판매에 나섰다. 이를 기점으로 켈로그는 곡물 식품업이라는 신종 산업의 선구자로 부상하게 되었다.

시리얼의 제조과정은 재료를 엄선하여 찌고 건조한 후 압착시켜 굽는 과정을 거친다. 소비자들이 먹을 때는 우유나 두유 등을 부어 먹는다. 1940년대에는 제품에 영양제와 비타민을 첨가했으며 1955년에는 단백질을 함유한 제품을 출시했다. 제품의 종류로는 100년 전통을 자랑하는 콘플레이크를 비롯하여 콘푸로스트, 올브랜, 첵스초코, 후루트링, 아몬드 플레이크, 뉴아몬드 후르츠너트 등이 있다. 또한 회사는 스낵, 쿠키, 크래커, 와플, 시리얼 바 등도 생산하고 있으며, 한국에서는 농심과 합작한 회사인 농심켈로그를 통해 생산, 판매하고 있다. 시리얼 제조사로만 널리 알려져 있지만, 아래에서 볼 수 있듯 크래커, 음료, 그래놀라 바 등 제품군이 다양하다. Nyan Cat의 모티브가 된 팝 타르트도 켈로그사에서 만든 간식용 과자이다. 2012년에는 P&G로부터 27억 달러에 프링글스를 사들였다.

11) 프링글스 95)

그림 120 프링글스

프링글스는 미국의 켈로그사에서 개발해서 생산하는 감자 스낵의 브랜드이다. 본래 1968년부터 프록터& 갬블사에서 판매했다가 상표와 관련 사업을 2012년 2월 켈로그로 양도했다. 한국에서는 원래 한국P&G에서 유통을 맡았으나, 2012년 12월부터 농심그룹이 담당하게 되었다.

'프링글스'라는 이름은 프링글스의 원료인 감자(potato)와 두운을 맞춘 이름을 찾던 중 제일 처음 P로 시작하는 이름을 찾기 시작했는데 마침 프링글스 직원 중 한 명이 Pringles Drive 근처에 살고 있었고, 프링글스라는 이름을 제안했는데 어감이 좋아서 그렇게 정해졌다고 한다.

프링글스는 건조시킨 감자를 타원형으로 반죽한 후에 옥수수 기름, 면실유, 해바라기 기름을 혼합한 순식물성 기름에 튀겨서 제조한다. 그런 다음 원형 캔에 내용물을 주입, 질소로 충전하고, 다시 알루미늄 호일로 밀봉한다. 이 포장법은 프레드 바우어(Fred Baur)가 개발한 것으로 인공 방부제를 넣지 않아도 신선함이 유지된다. 벨기에와 미국에서 생산된 완제품을 그대로 수입해 판매하고 있다.

또한 '오목하게 휘어진 칩 모양'은 감자칩 개발 단계에서 연구원 프레드 바우어(Fred Baur)팀이 효율적인 유통을 위해 겹겹이 쌓아 올릴 수 있는 칩을 연구하다가 고안하게 되었다. 초기에는 평평한 원반 모양과 직사각형 모양이 연구되었는데, 바우어는 '칩이 부서지

95) 프링글스[Pringles] /나무위키

지 않도록 살짝 곡선 형태로 만들어보면 어떨까' 라는 생각을 하게 되었고, 이후 쉽게 쌓아지고 압력에도 잘 갈라지지 않는 말안장 모양의 감자칩을 개발하게 된 것이다.

이 제품은 1970년대 중반에 가서야 이름이 알려지기 시작했고 전국적으로 판매되기 시작하자 브랜드명을 '프링글스(Pringles)'로 변경했다. 2012년 2월 15일 씨리얼류로 유명한 식품 기업인 켈로그(Kellogg Company)에 양도하였다.[96]

프링글스 특허증에는 제품 개발자 알렉산더 리파(Alexander Liepa)와 조리 기계 발명자 진 울프(Gene Wolfe), 그리고 감자 칩 모양 디자이너 렌 후퍼(Len Hooper)가 따로 등록되어 있다. 특히 큰 콧수염과 또렷한 앞가르마에 나비넥타이를 맨 아저씨, '줄리어스 프링글스(Julius Pringles)'라고 불리는 이 얼굴 모양 로고 또한 소비자들에게 친근하게 다가가기 위한 전략의 일부였다.

한국의 프링글스는 수도권의 일부 편의점에서 토마토 앤 바질맛을 판매한다는 것이 확인되었는데, 다른 맛들보다 덜 짜다. 라이트 솔트 버전도 있는데 소금을 덜 넣었으며 한국판의 경우 매우 싱겁다. 한때는 할라피뇨맛 이라고 해서 프링글스 색이 초록색인 것도 들어왔으나 아무래도 색이 색인지라 많이 먹은 사람이 없었던 것 같다. 기타 황색 카레맛(펑키 소이맛, 분홍색 콘소메맛, 프랑스 치즈맛, 이탈리안 토마토맛이 있었으나 소리소문 없이 사라졌다. 그 중 '펑키 소이' 맛의 경우 자우림이 광고했으나 별 효과는 보지 못한 듯 하다.

한국산 감자칩들에 비해 좋은 가격대 성능비로 사랑을 받았으나 여러 번 중량 조정을 거친 끝에 2013년부터 한국산 봉지 과자보다 오히려 가격대 성능비가 나빠졌다는 분석도 있다. 원래 170 그램이던 것을 140 그램으로 줄이고 가격도 올렸다. 2010년에는 다시 한 번 중량을 조정해서 110 그램으로 줄였다. 높이는 그대로인데 통 지름이 줄어드는 바람에 손이 큰 사람은 손을 집어넣을 수가 없게 되었다. 또한 맛도 확실히 변해서 칩의 식감과 맛 여러 가지로 많이 달라졌다. 그 이유는, 제조 국가가 바뀌었기 때문이다. 이전까지는 미국산이나 벨기에산을 수입해 왔는데 2009년 말 무렵부터 OEM 말레이시아산과 국산을 수입하는 것이다. 가장 자극적인 맛을 자랑하던 프링글스가 한 순간에 국내산 감자칩 만도 못한 싱거운 맛이 되었으니 인기가 떨어지고 있다. 당시 판매처였던 한국 P&G에선 "소금을 줄였으니 잘 팔리겠지?"라며 기대했으나 실패하였다. 실패한 이유는 첫 번째, 말레이시아산 프링글스는 할랄 푸드 인증 마크가 인쇄되어 있었는데 한국 소비자의 거부감 때문이고, 또 두 번째는, 이것도 원래의 말레이시아산보다 양이 줄었단 것이다. 이는 정발판 프링글스와 원래의 말레이시아산 프링글스를 함께 파는 대형마트에서 두 통을 직접 비교해 보면 알 수 있다. 최근 대형마트에서는 할라피뇨맛과 요구르트맛, 콜라맛 등이 추가되고 프링글스 피자맛은 한국에서 완전히 단종되었다.

BRAND

Ⅲ. 마치며

III. 마치며

지금까지 전 세계의 수많은 브랜드에 대해서 살펴보았다. IT, 패션 럭셔리, 코스메틱, 커피, 음료, 음식 등 다양한 분야에서 저명한 브랜드들을 소개하였다.

세계적으로 유명한 브랜드가 되기까지 창립자들의 비하인드 스토리를 듣는 것은 매우 흥미로운 일이다. 그들의 '스토리'는 그대로 브랜드의 스토리가 되었고 브랜드의 아이덴티티가 되었다. 특히 패션 럭셔리 브랜드를 세운 몇몇 인물들의 스토리는 의외의 감동을 주었다. 화려함에 가려져 있었을 뿐 그들에게는 '역경'도, '노력'도, '열정'도 있었다.

태생부터 유복한 가정에서 화려하게 자랐을 것만 같았던 그들은 어린 시절부터 부모를 떠나 홀로서기를 해야 했다. 어떤 이는 갖은 잡일을 해야 했고, 어떤 이는 두 가지 일을 밤낮으로 해야 했다. 하지만 계속하여 꿈을 꾸었고, 포기하지 않고 노력했다. 결국, 그런 그들의 노력과 재능을 알아봐주는 사람들을 만나 그들의 브랜드를 세우게 되었다.

그런가 하면 어떤 이들은 '아이디어'와 '집념'으로 인해 성공할 수 있었다. 많은 브랜드들은 작은 물음표, 그것을 풀어나가는 집념, 도전하는 용기를 통해 탄생했다. 애플의 창립자들은 개인용 컴퓨터를 만들고야 말겠다는 집념으로 시작하였다. 페이스북의 마크 저커버크는 우리 학교 학생들이 은밀하게 공유할 수 있는 네트워크 플랫폼을 만들어보면 어떨까 하는 호기심을 발휘했다. 다이소는 생활 잡화들을 저렴하게 팔면서 손님들을 많이 끌어모으면서 편리성을 가지 위해 시작하였다. 켈로그는 자신의 요양소 환자들에게 제공할 식이조절 식단을 연구하면서 시작하였다.

한편, 대중의 마음을 잘 파악한 '사업수완'으로 성공한 브랜드들도 있었다. 맥도날드는 차 안에서도 주문을 하고 빠른 시간 내에 받을 수 있는 햄버거를 만들었다. 코카콜라는 추운 겨울에 취약한 음료업계의 약점을 파악해 '북극곰과 산타클로스도 좋아하는 코카콜라'라는 마케팅을 하였다. 버드와이저는 소개되기 전에 많은 미국인들이 진하고 진한 에일을 마시면서 소개 된후, 버드와이저의 특성인 부드러움이 맛있고 상쾌한 라거를 즐기는것에 성공하였다. 스타벅스와 쉐이크쉑은 요식업계에 매스티지 명품 브랜드 전략을 적용하였다. 대중들의 '작은 사치'의 욕망을 잘 해석한 마케팅이었다.

이렇듯 우리가 구입하고 사용하며 친숙히 접하는 많은 제품들 속에는 어떠한 이야기가 들어가 있다. 그들의 '감동 스토리' 또는 '아이디어', '집념', '사업수완'들은 우리의 삶에 적용해 볼 수 있는 어떠한 메시지를 가져다줄 지도 모른다.

BRAND

Ⅳ. 참고사이트

Ⅳ. 참고사이트

1) 삼성전자 갤럭시 신화, 위기다/CJ온스타일
2) '삼성전자, 2021 2분기 실적 발표, 애플 2021년 2분기 실적 발표/뉴스룸
3) TSMC*애플에 밀렸다.... 삼성 브랜드가치 톱 10 밖으로 급락/한경경제
4) 삼성, 1993 / 네이버 지식백과 20세기 디자인 아이콘 : 로고
5) 애플 [Apple Inc.] /네이버 지식백과 용어로 보는 IT
6) 애플 [Apple Inc.] /네이버 기관단체사전 굿모닝미디어
7) 애플 /정보자본, 커뮤니케이션북스
8) 애플스토어, 2023년까지 전세계 600곳으로 증가/베타뉴스
9) 애플, 지난해 한국에서 16조 벌었다/조선 비즈
10) 구글 [Google] /출판기획물의 세계사, 커뮤니케이션북스
11) 구글 /위키백과
12) 마이크로소프트/ 위키백과
13) 마이크로소프트 [Microsoft Corporation] /두산백과
14) 한국SNS 이용률 세계2위... 10~30대 인스타그램, 40~50대 밴드/ 한국경제TV
15) 인스타그램 /나무위키
16) Instagram - 인스타그램 /지형 공간정보체계 용어사전, 구미서관
17) 인스타그램 /네이버 지식백과 용어로 보는 IT
18) 인스타그램 /두산백과
19) 페이스북 /위키백과
20) 페이스북 /네이버 지식백과 커뮤니케이션북스
21) VSCO/ 나무위키
22) VSCO, 연간 20달러로 즐기는 'VSCO X' 멤버십 서비스 시작 /K BENCH
23) 발렌티노/ 나무위키
24) 돌체앤가바나 [Dolce&Gabbana]/네이버지식백과, 인터브랜드
25) 돌체앤가바나 [Dolce&Gabbana]/나무위키
26) 돌체앤가바나 역사와 대표라인/sloweeds textile
27) 돌체앤가바나 2021-22 fw 컬렉션
28) 샤넬/ 네이버 브랜드 백서
29) 구찌 [GUCCI] /네이버지식백과, 인터브랜드
30) 프라다 [Prada] /나무위키
29) 프라다 [Prada] /두산백과
30) 프라다 [Prada S.p.A.] /네이버 기관단체사전 굿모닝미디어
31) 프라다 [PRADA] /네이버지식백과 인터브랜드
32) 까르띠에/ 나무위키
33) 티파니 앤코/ 나무위키
34) 루이비통/ 위키백과

35) 루이비통/ 네이버 지식백과 인터브랜드
36) 크리스찬 디올/ 네이버 지식백과 인터브랜드
37) 크리스찬 디올/나무위키
38) 버킨백/나무위키
39) 에르메스/네이버 지식백과, 인터브랜드
40) 버버리/ 네이버 지식백과
41) 꼼데가르송/위키백과
42) 꼼데가르송/나무위키
43) 전위예술 [前衛藝術] /두산백과
44) 레이 가와쿠보 [Kawakubo Rei] 서구 패션 미학에 도전한 본능적 혁신자/네이버 지식백과
45) 바비브라운 [BOBBI BROWN] /네이버 지식백과, 인터브랜드
46) 도브/ 네이버 지식백과
47) 베네피트/나무위키
48) 베네피트/나무위키
49) 베네피트 [benefit]/네이버지식백과, 인터브랜드
50) / 나무위키
51) 키엘 /위키백과
52) 키엘 [Kiehl's] /두산백과
53) mac cosmetic/위키백과
54) 니베아/나무위키
55) 니베아/위키백과
56) 니베아/나무위키
57) [2018 국가 소비자중심 브랜드 대상/니베아]100년 전통 '니베아' 스킨케어 시장 이끌어/dongA
58) 입생로랑 뷰타/ 나무위키
59) 나이키/ 나무위키
60) 아디다스/나무위키
61) 컨버스/위키백과
62) 휠라/나무위키
63) 반스/나무위키
64) 이케아 /두산백과
65) 이케아 /위키백과
66) 이케아 /나무위키
67) 다이소 /위키백과
68) 올리브영 /나무위키
69) 무안양품 /나무위키
70) SJYP /무신사 스토어
71) 슈콤마보니 /쇼콜라 뷰타매거진
72) 럭키슈에뜨 /코오롱몰
73) 스타벅스 /나무위키
74) 스타벅스 [Starbucks] /네이버 기관단체사전, 굿모닝미디어
75) 스타벅스/위키백과

76) 스타벅스는 어떻게 까다로운 한국인을 사로잡았나/MNB
77) [2017 프랜차이즈] 아는 만큼 즐긴다…프랜차이즈 업계에 부는 커스터마이징 바람/조선비즈
78) 블루보틀 /나무위키
79) 투썸플레이스 /나무위키
80) 네스카페 [Nescafe] /나무위키
81) 맥심/나무위키
82) 코카콜라 [The Coca-Cola Company] /나무위키
83) 버드와이저 /나무위키
84) 페리에 /네이버 지식백과
85) 맥도날드 /나무위키
86) KFC /나무위키
87) 버거킹 /나무위키
88) 쉐이크 쉑 /나무위키
89) 써브웨이 /나무위키
90) 하겐다즈 /나무위키
91) 배스킨라빈스 /나무위키
92) 크리스피 크림 /나무위키
93) 던킨도넛츠 /나무위키
94) 켈로그 [Kellogg's] /나무위키
95) 프링글스 [Pringles] /나무위키

초판 1쇄 인쇄 2018년 9월 13일
초판 1쇄 발행 2018년 9월 21일
개정판 발행 2021년 11월 22일

편저 ㈜비티타임즈 편집부
펴낸곳 비티타임즈
발행자번호 959406
주소 전북 전주시 서신동 780-2 3층
대표전화 063 277 3557
팩스 063 277 3558
이메일 bpj3558@naver.com
ISBN 979-11-6345-322-2 (13320)

이 도서의 국립중앙도서관 출판예정도서목록(CIP)은 서지정보유통지원시스템 홈페이지 (http://seoji.nl.go.kr)와 국가자료공동목록시스템 (http://www.nl.go.kr/kolisnet)에서 이용하실 수 있습니다.